Warum der Wein korkt?

Und andere Weingeschichten

IMPRESSUM

HEEL Verlag GmbH
Gut Pottscheidt
53639 Königswinter
Tel.: (0 22 23) 92 30-0
Fax: (0 22 23) 92 30-13
E-Mail: service@heel-verlag.de
Internet: www.heel-verlag.de

Autor:
Markus Del Monego, Essen
E-Mail: info@caveco.de
Internet: www.delmonego.de und www.caveco.de

Redaktion:
Ulla Lindenberg
E-Mail: info@caveco.de

Lektorat:
Petra Hundacker

Satz und Gestaltung:
Volker Pecher, Pecher & Böckmann WA GmbH, Essen
E-Mail: volker.pecher@pecher-boeckmann.de
Internet: www.pecher-boeckmann.de

Fotografie:
Jochen Tack

Druck und Verarbeitung:
Druckhaus Locher GmbH, Köln

Printed and bound in Germany

ISBN 3-89880-103-9

Markus Del Monego

Warum der Wein korkt?

Und andere Weingeschichten

HEEL

INHALT

VORWORT

Sie stehen oft nicht in den großen Werken der Weinliteratur, auch in Geschichtsbüchern werden sie nicht erwähnt, und kaum ein Weinfreund kennt sie: die kleinen Geschichten zur großen Weingeschichte.

Dabei ist aus vielen Anbaugebieten Traditionelles, Kurioses, Komisches, Historisches und auch Unglaubliches überliefert. Während meiner Reisen in die großen und kleinen, in die alten und neuen Weinbaugebiete dieser Welt habe ich viele Geschichten gehört, oft natürlich auch mit einem Augenzwinkern erzählt. Viele sind wahr, manche haben einen wahren Kern und andere wiederum, wie beispielsweise jene, dass Karl der Große seiner Kaiserin zuliebe nur Weißwein getrunken haben soll, weil Rotwein so hässliche Flecken auf den Bart kleckerte, scheinen mir frei erfunden zu sein. Im Wein liegt wohl nicht immer die Wahrheit. Wie auch immer: Faszinierend sind diese Geschichten alle, jede auf ihre Art. Sie sind für mich Part einer zum Teil uralten, gelebten Weinkultur.

Deshalb sind in diesem Buch die unterschiedlichsten Erzählungen zusammengetragen, die einen kleinen Einblick rund um das immer wieder auf's Neue faszinierende Thema Wein geben und sicherlich auch Anlass zu vielen angeregten Diskussionen bei einem guten Glas Wein bieten.

Und damit neben den unterhaltsamen, nachdenklichen, lustigen oder auch fantasievollen Geschichten die „nackten" Fakten nicht zu kurz kommen, sind auch sie leicht verdaulich verpackt.

Bleibt mir nur noch, Ihnen viel Vergnügen beim Lesen dieses Buches zu wünschen und weiterhin viel Spaß mit und an Ihrem Wein. Von selbst ernannten Weinkennern werden Sie sich sicherlich in Zukunft nicht ins Bockshorn jagen lassen.

Ihr

Markus Del Monego

MARKUS DEL MONEGO
DER SUPERSCHMECKER

Heute ist er 36 Jahre alt und fast schon so etwas wie eine Institution. Vor vier Jahren, mit gerade mal 32, hat er Geschichte geschrieben. Als erster deutscher Weltmeister aller Sommeliers. Die Franzosen waren geschockt – meinten sie doch seit Jahrzehnten diesen Titel abonniert zu haben. Und nun ein Deutscher! Die internationale Weinwelt hatte ihre Sensation.

Markus Del Monego hat sein Leben dem Wein gewidmet. Wein ist sein Hobby, seine Leidenschaft, sein Beruf und auch seine Berufung. Und das nur, weil er sich vor Jahren über einen Löffel Zucker im Rotwein geärgert hat. Er erzählt die Geschichte gerne und auch so, als sei sie erst gestern passiert. 17 ist er gewesen, plaudert er munter, und hat in den Ferien als Aushilfskellner gejobbt. Ein Amerikaner ist es gewesen, da erinnert er sich genau, der einen der ganz großen Weine aus Bordeaux bestellt hat: Einen 1970er Château Talbot, ihn mit „Oh my goodness, that's disgusting" kommentierte und den edlen Tropfen anschließend mit einem Löffel Zucker versetzte. Da hat sich Del Monego geweigert, völlig entsetzt, den Service fortzusetzen. Doch die Restaurantchefin hat ihn über Kunden und Könige belehrt, ihn zurück an den Tisch geschickt und ihm ein Weinseminar geschenkt. Und damit auch den Grundstein zu einer beispiellosen Karriere.

ER WILL MENSCHEN FÜR WEIN BEGEISTERN

Goldgespickt ist sie seitdem: Europameister, Weltmeister, Master of Sake (außer ihm darf in Europa nur noch ein Franzose diese besondere Auszeichnung der Japaner tragen), Ambassador of Swiss Wines, Gewinner unzähliger Wettbewerbe und Trophées, Ehrenmitglied nationaler und internationaler Verbände und Vereinigungen. Die Franzosen haben ihren Frieden mit ihm geschlossen und damit wohl gleichzeitig beschlossen, ihn auf Händen zu tragen. Im Land des „savoir vivre" ist er heute eine Institution, selbst Château Mouton Rothschild sucht seinen Rat. Sympathien hat er sich dabei nicht nur durch sein perfektes Französisch (so ganz nebenbei spricht er auch fließend Englisch und Italienisch) erworben, sondern durch seine unglaubliche Fähigkeit, „Menschen für Wein zu begeistern und sie ein bisschen glücklicher zu machen".

Markus Del Monego ist keiner, der eine Lanze bricht für teure, komplizierte Weine. „Jeder Wein, der einem schmeckt, ist gut – vorausgesetzt, er ist sauber gemacht." Sicher, er selbst hat sie alle schon verkostet, Weine, die ein halbes Vermögen kosten und solche, die im Lebensmitteleinzelhandel verkauft werden – für knapp drei Euro die Flasche. Und in Hunderten von Tests waren es letztendlich nicht immer die teuren Tropfen, die ganz oben auf dem Treppchen gelandet sind. Sein Fazit: Guter Wein muss nicht zwangsläufig auch teuer sein.

SPUCKEN GEHÖRT ZUM JOB

Dabei weiß Del Monego, wovon er spricht. Fast 40.000 Weine („Spucken gehört zu unserem Job und: Wir spucken gerne.") hat er in all den Jahren schon verkostet, und sein Elefantengedächtnis hilft ihm dabei, sie in seinem Kopf zu speichern, „in Aromenschubladen", wie er meint. Anklänge an schwarze Kirsche, Brombeere, Johannisbeere, Cassis, rote Paprika, Zigarrenkiste, Leder, Holz, Honig, Vanille, Zitrone, grünen Apfel, reife Birne, Gras – sie alle sind da. Der beste Jahrgang eines Château Haut-Bailly aus dem Bordelaiser Anbaugebiet Graves? Kein Problem, das müsste der 61er sein, sollte jetzt bald getrunken werden.

Natürlich, er spielt mit den klangvollen Namen, hat sie in der Nase, kann sie beschreiben und dazu auch noch gleich das passende Menü empfehlen. Da wird ein Süßwein zu Rinderfilet gewünscht? Gut, aber dann vielleicht zusammen mit einer Sauce von Gänseleber. Das Spiel mit den Aromen, die Harmonie und die Balance von süß und sauer, salzig und bitter – das macht ihm Spaß. Er richtet mit Vorliebe „Dîners Sensoriques" aus, eine Reise in das Reich der Sinne, begleitet von Toast, Äpfeln, Gewürzgurken, Zwiebeln und Orangen. Dazu ausgesuchte Weine, deren Geschmack sich bei den waghalsigen Kombinationen dramatisch verändert. Rotwein zu Fisch? Weißwein zu Käse? Warum nicht? Mit Tabus konservativer Geschmacksvorstellung – was man so tut oder eben nicht ... damit bricht er gerne. Neue Wege gehen – die braucht er.

WEINE ÜBER DEN WOLKEN

In der ganzen Welt ist er heute unterwegs, berät Privatkunden bei der Einrichtung ihres Weinkellers, Kellereien, wie sie ihr neues Produkt am besten auf den Markt bringen, Handelsunternehmen in punkto Qualitätssicherheit, Sortimentsgestaltung und und und.

Seit zwei Jahren ist er auch der Sommelier von Lufthansa, zuständig für den Weinkeller, die „Vinothek Discoveries": Kein Wein, der in der First oder Business Class geflogen wird, den er nicht verkostet hat. Und zwar in 10.000 Metern Höhe. Wein über den Wolken – da verändert sich die Geschmackswahrnehmung ... Oben treten Süße und Alkohol des Weines in den Hintergrund, dafür sind Gerbstoffe und Säure umso deutlicher wahrnehmbar. Das will bedacht werden, wenn Del Monego mit einer Jury bei Blindverkostungen aus jeweils 40 bis 50 Weinen die besten Tropfen auswählt – deutsche Klassiker, Grand Crus aus Bordeaux, Spitzenweine aus Italien, Spanien und natürlich auch der Neuen Welt. Seine außerordentlich gute Nase definiert besten Wein.

Markus Del Monego arbeitet am und mit dem Geschmack vieler Menschen, um Genuss wieder erlebbar zu machen, wie er sagt. Zu vieles bliebe in unserer schnelllebigen Zeit, die gerade einmal Zeit zum Luftholen lasse, auf der Strecke. Und Wein schafft eine Insel, auf der man ganz wunderbar den Alltag vergessen kann. Übrigens sagt er selbst von sich, dass er keinen Lieblingswein habe. Natürlich trinkt er gerne badischen, schließlich kommt er ja auch aus Weil am Rhein, doch ansonsten ist immer der sein Lieblingswein, den er gerade trinkt. Eine salomonische Antwort, und seine Augen blitzen dabei hinter der Designerbrille.

ER IST WIE FRISCHER GUTEDEL UND FETTER BAROLO

Zeit hat er eigentlich nie, leere Seiten im Terminkalender sind ihm ein Greuel. Zwischen Flugzeugsessel und Bürostuhl managt er seine junge Firma, er ist der erste und bislang einzige Sommelier Deutschlands, der sich mit diesem Konzept selbstständig gemacht hat. Zusammen mit seinem Partner Hanswerner Bendix führt er die expandierende Essener Beratungsgesellschaft Cave Weinservice GmbH. Dazu braucht man Mut, sicherlich auch Beharrlichkeit garniert mit einer gewissen Leichtigkeit. Vielleicht ist es dann doch die Mischung, die Markus Del Monego geerbt hat: deutsche und italienische Vorfahren, und, wie es einmal ein Journalist treffend formulierte: „Eben wie frischer Gutedel und fetter Barolo."

Vitalität bringt er mit, Lebensfreude. Mit jungenhafter Unbekümmertheit, ja Begeisterung, erzählt er gerne interessante Anekdoten rund um Wein, warum Madame Pompadour erst durch Champagner zur Frau wurde, die Witwe Veuve Cliquot das Rüttelpult erfand, Mönche länger leben durften als Nonnen, Riesling besser ist als Viagra ... ein Stichwort genügt. Mitgeliefert werden stets interessante und ernsthafte Aussagen zum Thema Wein. Markus Del Monego wäre nicht er selbst, wenn er darüber nicht auch ein Buch geschrieben hätte. Sie haben es in den Händen.

1

CHAMPAGNER

DIE GROSSE LIEBE DER MADAME DE POMPADOUR

„Champagner ist der einzige Wein", und davon war die Marquise de Pompadour felsenfest überzeugt, „der eine Dame zur Frau macht." Na, wer hätte das gedacht. Zumal Madame de Pompadour, immerhin Mätresse Ludwig XV., als schwer zu entflammende Gespielin galt. Aber Champagner und seine fantastischen Nebenwirkungen (aber fragen Sie jetzt bitte nicht Ihren Arzt oder Apotheker) verfehlten ihre stimulierende Wirkung ganz offensichtlich nicht. Madame de Pompadour war sogar davon überzeugt, dass „Champagner der einzige Wein ist, bei dessen Genuss eine Dame immer schöner wird." Wie viel die Schöne von dem edlen Saft getrunken hat, um jene Wirkung festzustellen, ist leider nicht überliefert.

Gutes Aussehen, so viel steht fest, hat schon immer eine Rolle gespielt. Doch während wir Menschen seit Jahrhunderten wechselnden Modediktaten unterworfen sind, haben sich die Anforderungen an Champagner nicht verändert.

Auf den ersten Blick ist Champagner ein weißer schäumender Wein, der – wer hätte das gedacht – zum großen Teil aus roten Trauben hergestellt wird. Weiß ist nur die Sorte Chardonnay. Pinot Noir und Meunier sind rote Trauben. Der Farbstoff sitzt fast ausschließlich in der Beerenschale, und daher muss jeder Kontakt des gärenden Weines mit den Schalen verhindert werden, sonst gibt es leider roten Champagner. Um dem zuvorzukommen, werden die Champagnertrauben ganz vorsichtig von Hand gelesen (eine Maschine wäre beileibe nicht sensibel genug) und sofort nach der Lese sehr schonend gekeltert.

Das erste Beurteilungskriterium eines Champagners ist die Farbe: Je weniger rote Trauben und je schonender die Herstellung, desto heller ist sie. Sogar blassgelb mit grünlichen Reflexen ist möglich. Ein weiteres optisches Kriterium ist die Bläschenbildung: die Perlage. Steigen die Bläschen im Champagner sehr schnell auf, sind sie grob und nach kurzer Zeit nicht mehr zu sehen, ist die Qualität des Champagners nicht die beste. Sind die Bläschen dagegen klein, steigen gleichmäßig und langsam wie von einer Perlenschnur gezogen auf, ist die Qualität gut. Damit die „Bubbles" in den edlen Saft kommen, wird der Grundwein mit etwas Zucker und Hefe versetzt und danach in eine Flasche gefüllt. Dort verwandelt die Hefe den Zucker in Alkohol und Kohlensäure um: Die Geburtsstunde der Bläschen.

Vor über 200 Jahren, als Madame de Pompadour ihr Schönheitsmittel trank, war Champagner noch trübe. Glück für alle nachfolgenden Generationen, dass die Witwe Clicquot-Ponsardin Rüttelpulte erfand: Sie stellte die Flaschen in diesen „pupitres" einfach auf den Kopf, die Hefe sammelte sich langsam im Hals und konnte so nach einiger Zeit vom Champagner getrennt werden. Seitdem ist die Majestät der Schaumweine klar: ungetrübter Genuss auch für das Auge.

2

TEQUILA

DAS ALKOHOLISCHE ALLROUND-TALENT FÜR ALLE LEBENSLAGEN

Zugegeben: Übung macht den Meister. Oder haben auch Sie nicht schon einmal überlegen belächelt, wenn Kollegen und selbst die Dame ihres Herzens versucht haben, Tequila, Salz und Zitrone so zu trinken, dass es erstens schmeckt und zweitens gekonnt aussieht?

Zu oft leidet der Genuss dieses Kultgetränks unter dem mitleidvollen Blick des Bar-Nachbarn, wieder einer, der versucht, den In-Drink auf die einzige, die richtige Art, zu genießen: Tequila – dieser geheimnisvolle Drink der Azteken ist übrigens seit Jahrhunderten das Nationalgetränk Mexikos.

Einen Tequila zu trinken, ist eigentlich nicht besonders schwierig, auch Anfänger brauchen (ehrlich!) keine besonderen Vorkenntnisse. Aber für alle, die gern mehr wissen möchten, nachfolgend ein paar Trink-Tipps, mit denen Sie an der Bar garantiert nicht negativ auffallen – eher wird das Gegenteil der Fall sein.

Also: Für einen Tequila nehme man etwas Salz, eine halbe Zitronenscheibe und ein Stamperl, gefüllt mit 2 cl Tequila, und entscheide sich dann für eine der folgenden Varianten: Entweder man trinkt den Tequila in einem Zug aus, leckt das Salz aus den Grübchen zwischen Zeigefinger und Daumen und beißt dann in die halbe Zitronenscheibe. Oder man streut das Salz auf den Handrücken, schleudert es gekonnt auf die Zunge (üben!), trinkt einen Tequila drauf und beißt anschließend herzhaft in die Scheibe saurer Zitrone. Wer mehr Vitamine braucht, zerbeißt zuerst ein Zitronenviertel, leckt dann das Salz von seiner Hand und trinkt erst daraufhin Tequila. Alles klar?

Probieren Sie es einfach mal – Sie werden feststellen, jede Variante hat ihren Reiz. Und Ihre gekonnte Art, Tequila zu trinken, wird Ihnen garantiert auch die Aufmerksamkeit jener vollbusigen Blondine von gegenüber sichern. Zu Zweit trinkt sich Tequila übrigens auch prima – aber sehen Sie selbst.

Auch wenn die Azteken gewusst hätten, was sie mit den uralten Tequila-Traditionen unter den Touristen des 21. Jahrhunderts anrichten – sie hätten es sicherlich, davon bin ich überzeugt, nicht anders gemacht. Sie gelten als die eigentlichen Erfinder des Tequila, zumindest eines Vorläufers davon. Noch heute ist überliefert, dass die Götter einen Blitz zur Erde sandten, der so viel Energie hatte, um eine Agave zu spalten und deren Saft zu kochen. Die Azteken glaubten diese Götter-Botschaft, kosteten den Saft und entdeckten den süßen, milchigen Drink, der Pulque genannt wurde und zum heiligen Wasser der Gottkönige des Reiches avancierte. Bereits um 200 n. Chr. sollen die Menschen dieses schwach alkoholische Getränk genossen haben.

Mit der Ankunft der Spanier endete nicht nur die Herrschaft der Azteken, sondern auch der Tequila ging in „spanischen" Besitz über. Die Gottkönige verschwanden, die „Conquistadores" nahmen sich des „heiligen Wassers" an und destillierten es. Dies war die Geburtsstunde des Tequila.

Tequila wurde mit der Zeit in Mexiko immer populärer, auch heute noch ist er in Geschäften, Liquorshops und selbst in Apotheken im ganzen Land zu finden. Ihm wird nachgesagt, durch seine einzigartige Qualität vielseitig einsetzbar zu sein. Denn bei den Einwohnern ist der Glaube tief verwurzelt, dass Tequila Blut reinigen, Syphillis verhindern und als Aphrodisiakum erfolgreich eingesetzt werden kann. Selbst in der Volksmedizin wird er als Desinfektionsmittel für Wunden verwendet und erfüllt seinen Dienst auch als After-Shave-Lotion und Insektenschutz, als Verdauungshilfe wird er genauso geschätzt wie als Appetitanreger und hilft – in kleinen Mengen genossen – das Cholesterin zu senken.

3 ANGRIFF DER PLANETEN

DIE ERFINDUNG DES DÄMMERSCHOPPENS

Wir schreiben das Jahr 1327. In Mainz regiert der Erzbischof und Kurfürst Matthias von Bucheck. Die Domstadt am Rhein wurde in jenen Tagen von düsteren Aussichten bedroht. Die Astrologen des kurfürstlichen Hofes bereiteten seine Excellenz auf Schreckliches vor: Eine Sonnenfinsternis. Der Hofarzt wurde hinzugezogen und lange Beratungen folgten, wie man den hohen Herrn am besten vor dem heranziehenden Unheil schützen könne.

Astrologe und Hofarzt gleichzeitig als Berater eines hohen kirchlichen Würdenträgers, noch dazu im Team? Damals waren führende Köpfe der festen Überzeugung, dass nur die ganzheitliche Sicht des Menschen innerhalb des Kosmos erfolgreiche Heilung versprach. Auch später war sogar noch Paracelsus, der legendäre Arzt aus Hohenheim, der die Schulmedizin der frühen Renaissance revolutionierte, der Meinung, dass ein Arzt ohne astrologische Kenntnisse überhaupt keine wirksamen Heilversuche am Patienten vornehmen könne.

Zurück zu unserem Erzbischof. Sein medizinischer Berater, Monsier Rembot, übrigens auch gleichzeitig Hofarzt ihrer Majestät des Kaisers, kam nach langen Diskussionen, geführt in lateinischer Sprache (die Sprache der Gelehrten), zu dem Schluss, dass nur eine intensive Behandlung mit Wein den Erzbischof vor den Folgen der drohenden Sonnenfinsternis ausreichend schützen könne.

Zur Vorbeugung, zur Nachbehandlung und zum generellen „Schutz vor Verzauberung durch die Planeten", verschrieb er dem Kirchenfürsten einen kräftigen Trunk „wohl getönten Weines". Und die Vorschriften zur korrekten Einnahme der schmackhaften Medizin waren streng: Kurz vor Sonnenuntergang und gleich nach dem Sonnenuntergang musste der Schoppen getrunken werden. Der dazu ausgesuchte Wein stammte aus den kurfürstlichen Kellern, wohl gefüllt mit Rheingauer Weinen. Der Kurfürst bevorzugte den Orléans, eine Pinot-Spielart. Übrigens eine Rebsorte, die das Weingut Breuer in Rüdesheim gerade wieder entdeckt und mit Erfolg wiederbelebt hat.

Noch ist es in vielen Weinanbauregionen lieb gewordene Tradition, zum gemütlichen Tagesausklang einen netten Schoppen in der Dämmerung zu trinken. Zwar sind diese – leider – nicht mehr vom Arzt verordnet und auf Krankenschein gibt es sie auch nicht, doch die Beliebtheit des Dämmerschoppens ist auch im 21. Jahrhundert ungebrochen.

Übrigens: Matthias von Bucheck überlebte den „Angriff der Planeten" bei bester Gesundheit. Allerdings nur um ein Jahr. Denn 1328 rief ihn sein Schöpfer zu sich. Wir wollen an dieser Stelle nicht darüber spekulieren, ob er die empfohlene Menge vielleicht um ein Vielfaches überschritten hatte ...

4

DIE ENTDECKUNG DER SPÄTLESE

DER ABT VON FULDA UND DER WEINGUTSVERWALTER

Gott sei Dank wird in Deutschland alles dokumentiert, auch wenn es mit dem Wein zusammenhängt. Und so kennt man zwei der Protagonisten dieser Geschichte sogar mit Namen, nämlich den Abt von Fulda und den Weingutsverwalter Engert. Nur die absolute Hauptperson bleibt im Dunkel der Geschichte verborgen, der so genannte Spätlesereiter.

Im Jahre 1775 war wieder einmal die Weinlese soweit auf dem Johannisberg im Rheingau. Gutsverwalter Engert schickte einen berittenen Boten zum Fürstabt von Fulda. Diesem gehörte nämlich der Johannisberg, auf dem schon zu Anfang des 18. Jahrhunderts alles auf Riesling umgestellt worden war. Ohne Erlaubnis des Fürstabts durfte keine Traube geerntet werden. Die Reisedauer von rund 14 Tagen einkalkuliert, wurde der Bote auf den Weg gebracht. Und er kam nicht zurück. Die Mönche des Klosters auf dem Johannisberg sahen mit hilfloser Verzweiflung zu, wie die Trauben immer reifer wurden. Und immer noch war keine Antwort aus Fulda in Sicht. Sie versuchten es mit Beten, doch die Trauben begannen zu faulen. Es wurde immer schlimmer ...

Was mag dem Boten wohl zugestoßen sein? Bis auf den heutigen Tag gibt es darauf keine Antwort. Die Erklärung, dass er beim Fürstabt nicht vorgelassen wurde, kann getrost ad acta gelegt werden, denn Wein war Geld, und Geld war dem Fürstabt durchaus ein Begriff. Man spricht vom Überfall durch Räuber, doch auch dafür gibt es bis heute keine Belege. Oder war doch eine Frau im Spiel? Riesling mag ja ein Aphrodisiakum sein, doch gleich eine ganze Ernteperiode lang?

Nun gut, der Bote kam endlich zurück und die Mönche begannen wohl oder übel die verbliebenen Reste der Trauben zu lesen und zu vergären. Der liebe Gott nimmt es, der liebe Gott gib es. Doch was für eine Überraschung präsentierte sich im auf die Lese folgenden Februar! Der Wein hatte lange gegoren, und als er mit dem stürmischen Blubbern im Fass aufhörte, da war die Farbe zwar noch ganz getrübt, der Geschmack war jedoch von vorzüglicher Süße. „Wir hoffen auf etwas Außergewöhnliches", vertrauten die Mönche der Chronik an. Und als am 10. April 1776 dann der 1775er probiert wurde, war er so ausgezeichnet, dass die Verkoster kaum Worte fanden. So einen Wein, waren sie sich sicher, hatten sie vorher noch nicht verkostet.

Wen wundert es da, dass die Kunde von diesem Wein in allen deutschen Landen umherging und die Fürsten ihre Untertanen geradezu anhielten, spät gelesene Weine zu keltern. Denn nur vollreife oder edelfaule Trauben würden feinste Tropfen erbringen.

Und so war am Ende allen geholfen. Gutsverwalter Engert steht heute noch in den Geschichtsbüchern, der Fürstabt von Fulda konnte mit den Erlösen seine Residenz verschönern, das Kloster auf dem Johannisberg brachte es zu großem Ruhm (und weckte später so manche Begehrlichkeit) und das Happy End war perfekt. Übrigens: Was aus dem Spätlesereiter wurde, weiß bis heute keiner ...

5

GENIALE WITWE

CHARME FÜR CHAMPAGNER

Früher war alles anders, aber nicht alles besser. Jedenfalls gab es in der Champagne auffällig viele Witwen. Böse Zungen behaupteten, dies liege daran, dass sich die Herren zu oft und zu viel am köstlichen Produkt vergriffen und sich so im wahrsten Sinne des Wortes zu Tode getrunken haben sollen. Die Leidtragenden des übermäßigen Champagnergenusses waren die Frauen. Sie blieben alleine zurück.

Nun ja, einer genaueren Analyse hält diese Aussage nicht statt. Und doch fällt auf, dass es ziemlich viele Champagner-Etiketten gibt, die den Namen einer Witwe tragen. Darunter auch von einer Dame, die auf ihre Art maßgeblichen Anteil an der Entwicklung des Champagners hatte.

Nachdem der gute Dom Pérignon den Champagner sozusagen erfunden hatte, konnte man viele Jahre den schäumenden Wein unbeschwert genießen. Nur ein Problem hat der gute Mönch nicht in den Griff bekommen: Seine Champagner waren trübe und beinhalteten unschöne Hefeflöckchen (Hefe wurde zur Vergärung und zur Bildung von Kohlensäure benötigt). Er hatte keine Möglichkeit gefunden, die Hefe wieder zu entfernen. Doch der feierfreudige Adel im fernen Paris scherte sich nicht drum und behalf sich mit einem simplen Lifestyle-Trick: Flockig war einfach schick, und die Gläser hatten Muster und Schraffuren, damit das Auge die Flöckchen in der perlenden Köstlichkeit nicht sah.

Obwohl der Champagner als Getränk der feinen Gesellschaft boomte – die Witwe Clicquot Ponsardin gab sich damit nicht zufrieden. Nach dem Tod ihres Mannes hatte sie sich in sehr jungen Jahren durchgesetzt, das Champagnerhaus weiterzuführen. Mehr als einmal stand sie kurz vor dem Aus, entkam nur knapp dem Ruin. Doch Geschick und gute Ideen halfen ihr weiter. Als sie erfuhr, dass die russische Zarin bald niederkommen würde, dachte sie sich: Sollte es ein Junge werden, dann würde zur Geburt des Thronfolgers Champagner in Strömen fließen, vorausgesetzt, die Flaschen wären dann schon vor Ort. Ihren Vertrauten und Prokuristen Werle beauftragte sie kurzerhand mit dem Transport der kostbaren Fracht.

Dabei setzte sie alles auf eine Karte, ließ fast ihre gesamten Bestände nach Russland bringen. Heimlich, still und leise wurden die Flaschen verpackt, verladen und verschickt. Und kamen doch nicht in Russland an. Denn Werle verkaufte den Champagner unterwegs. Kurz vor den Grenzen Russlands schickte er eilig nach mehr. Jetzt fiel es auf, dass ein Champagnerhaus große Mengen orderte, die Konkurrenten wurden neugierig. Doch der Zeitvorsprung, den sich die Witwe durch ihre Cleverness erarbeitet hatte, reichte aus, um den russischen Zarenhof pünktlich zur Geburt des Thronfolgers mit perlendem Champagner zu versorgen. Die Witwe war saniert und konnte sich nun den qualitativen Verbesserungen des Champagners widmen.

Das Aussehen ihres Champagners hatte ihr noch nie sonderlich gut gefallen, die Flöckchen im Glas störten sie, und sie dachte intensiv über verschiedene Möglichkeiten nach, diese zu entfernen. Eines Tages hatte sie den genialen Einfall: Sie ließ Löcher in ihren Esstisch sägen, stellte die Flaschen kopfüber in eben diese Löcher und beobachtete, wie die Flöckchen langsam in Richtung Flaschenhals niederschwebten. Beim Öffnen der Flasche wurden die kleinen Hefeteilchen durch die Kohlensäure herausgeschleudert und sie hatte das, was sie wollte: einen klaren, flockenreinen Champagner.

Leider war sie noch nicht am Ziel: Denn durch das druckvolle Öffnen ging mehr als ein Drittel des schäumenden Inhaltes verloren, die Flasche musste wieder aufgefüllt werden. Die Witwe hatte gerade ihre kreative Phase und eine weitere geniale Idee: Ihr Champagner der früheren Jahrgänge war immer ohne jeglichen Restzucker, da dieser nur von den Hefen vergoren wurde, um Kohlensäure zu bilden. Jetzt machte sie ihren einfachen Champagner süßer. Durch Zugabe der so genannten „Dosage“ bestimmte sie die Süße des Champagners selbst. Dazu mischte sie aus Wein, Cognac und Zucker den Dosage-Likör ... und der süße Champagner eroberte die Welt. Nur die Witwe selbst mochte ihn nicht. Sie war berühmt dafür, den Dosage-Likör lieber gleich pur zu trinken.

6 NEUES FEELING

WEINE ÜBER DEN WOLKEN

„Über den Wolken muss die Freiheit wohl grenzenlos sein ..." Nicht nur Reinhard May träumt diesen Traum. Aber die Freiheit über den Wolken hat auch ihre Grenzen. Sicher werden Sie beim ersten Glas Wein schon bemerkt haben: In 10.000 Metern Höhe schmecken selbst Ihnen vertraute Weine ein bisschen anders. Grund dafür sind die veränderten Bedingungen an Bord wie Luftdruck, Luftfeuchtigkeit und Beschleunigung. Das alles spielt eine besondere Rolle.

Über den Wolken ... nehmen wir den Duft eines Weines an Bord eines Flugzeuges etwas schwächer wahr als am Boden. Ein Effekt, der sicherlich mit der niedrigen Luftfeuchtigkeit zusammenhängt.

Über den Wolken ... überraschen uns auch am Gaumen sorgfältig ausgewählte Tropfen: Gerbstoffe und Säure werden um eine Spur stärker wahrgenommen und auf der anderen Seite ist Süße und Alkohol leicht abgeschwächt zu kosten. Machen Sie doch einfach einmal die Probe aufs Exempel, wenn Sie die Gelegenheit dazu haben.

Über den Wolken ... verkoste ich Weine unter veränderten Bedingungen, um auch an Bord immer neue Erfahrungen zu sammeln und um Tipps und Informationen geben zu können.

Und wer weiß ... vielleicht treffen wir uns dort einmal – über den Wolken – und verkosten dann gemeinsam einen guten Tropfen.

7

GESCHMACKS-GURUS HABEN UNS IM GRIFF

TROCKEN MUSS MAN TRINKEN – ODER?

Als die zehn Gebote der Nouvelle Cuisine Deutschland erfassten, war für alle Gourmets und solche, die es werden wollten, klar: Trocken muss man trinken. Die Franzosen, so wurde erst einmal behauptet, taten es ja schließlich schon immer. Und auch in Italien galt nur trockener Wein als très schick. Na ja, die Spanier hatten noch ihren Sherry und anderen süßen Kram, und Weine aus Portugal kannte man nur als Matthäus Rosé oder Port, also auch süß, aber das gehörte ja nun auch wirklich nicht zur Nouvelle Cuisine.

Wie schön war es da, sich an unsere Vorfahren zu erinnern, die – wie erschreckend – noch Sauternes zu Austern tranken (übrigens nicht nur die Deutschen in Paris, auch die Franzosen selbst) oder im guten alten England ohne Portwein keinen Käse aßen. Wie schrecklich. Die Gänseschauer des Entsetzens und das wissende Lächeln des fortschrittlichen Feinschmeckers huschten da manchem übers Gesicht.

So schluckte man auf Wiesbadens Nobelmeile den „Brut de Brut" 'runter (übrigens im Hessischen gerne auch als „brü de brü" ausgesprochen, was angeblich keinen Zusammenhang mit der Qualität des Produktes haben soll), trank Rieslinge, die mehr Säure als Frucht hatten (erfrischend knackig hieß es dann) und erduldete noch ganz andere masochistische Spielchen der neuen Genusskultur, angeführt von Geschmacks-Gurus, die Deutschland und seine neuen Ess- und Trinkgewohnheiten fest im Griff hatten. Irgendwann kam das Erwachen. Irgendwann muss ein echter Genießer bemerkt haben, dass süßer Wein nicht automatisch zur Verdammnis in der kulinarischen Hölle führt, ja, dass Süße im Wein durchaus angenehm sein kann. Und irgendwann fiel dann irgendjemandem auf, dass früher ja sowieso alles besser war. Die Portionen wurden wieder etwas umfangreicher und Weine durften ruhig etwas runder, weicher und fruchtiger schmecken (was nichts mit „richtig" süß zu tun hat). Plötzlich eröffnete sich dem Genießer ein neues Geschmacks-Paradies. Denn dezente Süße in Speisen und Getränken kann wahre Wunderdinge vollbringen.

Fangen wir beim Dessert an: Welcher trockene Wein passt zu einem süßen Dessert? Mit 99,9 Prozent Sicherheit keiner. Denn die Süße nimmt dem Wein einen Teil seines Charakters, seines Schmelzes, und hinterlässt einen bitteren, sauren Geschmack. Aber die Süße im Wein wird durch die Süße des Essens gemildert – beide ergänzen sich prächtig.

So ist das mit der Süße: Mit nur einem Teelöffel Zucker schmeckt jede Medizin besser, mit nur einigen Gramm Restzucker kann ein Wein zu einer Wunderwaffe werden. Denn Süße gleicht Süße aus. In vielen Produkten in der Küche ist Süße versteckt: Stärke wird während des Kauens durch Enzyme im Speichel gespalten und Zucker entsteht. Tipp: Kauen Sie doch einfach einmal ein Stück Brot bewusst langsam. Sie werden die Süße schmecken, die im Übrigen schon ausreicht, in einem Wein Säure, Gerbstoff oder selbst Süße abzuschwächen.

Süße ist auch in vielen Produkten enthalten, die gebraten, gebacken oder geschmort sind, der darin enthaltene Zucker wird karamellisiert, die Aromen schmecken natürlich süß und haben Einfluss auf den Geschmack des Weines. Mit ein Grund, warum eine Speise, je intensiver sie zubereitet ist, von einem kräftigeren Wein begleitet werden sollte. Denn so kann die Balance wiederhergestellt werden. Ein gerbstoffbetonter Wein wird durch die karamellisierten Komponenten milder und runder schmecken, ein alkoholreicher wird weicher werden (auch Alkohol hinterlässt auf der Zunge einen süßlichen Geschmackseindruck).

Ein üppiges Gericht, wie beispielsweise eine Straßburger Gänseleberpastete, benötigt einen Wein, der mit dem intensiven Geschmack des Gerichtes Schritt halten kann. Ein Wein mit Süße kommt hier gerade recht. Im Elsass würde man zu einer solch üppigen Pastete durchaus eine Beerenauslese der Rebsorte Gewürztraminer servieren. Phantastisch! Ein süßer Wein wird auch immer zu sehr kräftigen, rezenten Speisen passen. Die klassischen Kombinationen sind Sauternes und Roquefort oder Portwein mit Stilton. Die Süße des Weines nimmt dem Käse die Schärfe, die Schärfe des Käses nimmt aber gleichzeitig dem Wein die Süße. So bildet sich ein harmonisches, aromatisches Ganzes, bei dem sich beide Partner gegenseitig unterstützen.

Übrigens: Auch unsere Vorfahren hatten Recht. Sie tranken Auslesen von der Mosel und aus dem Rheingau zum Hauptgang oder gar den schon erwähnten Sauternes zu Austern. Aus heutiger Sicht eher ungewöhnlich, doch dem Geschmack der damaligen Zeit sicherlich angemessen: Austern waren damals bei weitem nicht so frisch wie heute und Kühlschränke gab es vor 150 Jahren auch noch nicht. Der damals deutlich kräftigere Geschmack der Austern zusammen mit dem salzigen Charakter mussten optimal mit Sauternes harmoniert haben. Auch die Auslese zum Hauptgang hatte ihren Grund: Man trank diese Weine erst, wenn sie zehn Jahre und älter waren. Die Süße war zurückhaltender, die Aromen kräftiger. Reife Rieslinge erinnerten an geröstetes Brot, kandierte Früchte und hatten manchmal einen leicht mineralisch-animalischen Ton. Damit waren sie wie geschaffen zu Speisen mit gerösteten Aromen.

Muss man wirklich immer trocken trinken? Wir sollten uns von den selbst ernannten Geschmacks-Gurus nicht beeinflussen lassen und das trinken, was uns schmeckt. Gut, dass sich Moden sowieso mit schöner Regelmäßigkeit ändern.

8

SPIEGLEIN, SPIEGLEIN IM GLAS

WIE TRINKSITTEN LEBEN RETTETEN

Wie selbstverständlich prosten wir uns heute zu, die Gläser schlagen aneinander und erzeugen einen angenehmen, verlockenden Klang, der so häufig zum gemeinsamen Spaß und Genießen auffordert. Eine beliebte Trinksitte, deren Ursprung im alten Griechenland vermutet wird.

Dort hatten Männer, oft in Gruppen von 13 bis 17 Personen, das große Vergnügen, in so genannten Symposien mit Liebe zubereitete, köstliche Speisen zu essen und dazu die besten Weine zu trinken. Doch nicht allein der Genuss stand im Mittelpunkt dieser kulinarischen Zusammenkünfte, sondern auch das Gespräch. Und so wurde heftig diskutiert, versonnen philosophiert oder Gedichte rezitiert.

Wein und Wein trinken spielte dabei eine zentrale Rolle. Doch leider war Wein nicht in der Lage, alle Sinne zu erfreuen, was für die Griechen damals ein wichtiger Aspekt gewesen ist. Zwar konnte Wein auch das Auge zufrieden stellen und durch Geschmack und Geruch überzeugen, aber das Ohr, so die einhellige Meinung der Symposiums-Teilnehmer, blieb unbefriedigt. Und deshalb sollen sie den genialen Einfall gehabt haben, durch das Zuprosten mit dem Glas auch den fünften Sinn überzeugt zu haben.

Eigentlich eine schöne gesellige Sitte, die im Mittelalter überlebenswichtig wurde. Beim Zuprosten hob man den Becher, der bei hohen Persönlichkeiten aus schwerem Silber war, und blickte sich dabei gegenseitig tief in die Augen. Natürlich galt dies als Form der Höflichkeit, doch oft hing davon im rauen Mittelalter, in dem man alles andere als zimperlich war, auch das eigene Leben ab. Im Idealfall funktionierte der Becher wie ein Spiegel und zeigte dem Zecher das, was sich hinter seinem Rücken abspielte. Und sollte der Becher blind gewesen sein, konnte der Weintrinker immer noch im Auge seines Gegenüber lesen. War da ein Flackern, das Unheil androhte? Oder sah er in seinem Auge gar einen Schatten ... Und könnte der nicht gar auch einen Dolch im wallenden Gewand versteckt haben?

Nicht ohne berechtigtes Eigeninteresse waren deshalb diese Trinkrituale fest in den Ablauf eines Gastmahls eingebunden und haben so bis in die heutige Zeit als Ausdruck der Höflichkeit überlebt. Dem spiegelnden Becher zum Trotz wurden die Methoden, „verehrte Tischgenossen" ins Jenseits zu befördern, immer subtiler. Die Medicis in Florenz arbeiteten beispielsweise sehr erfolgreich mit Gift. Diese schnell wirkende Droge konnte auch durch das intensivste „Zuprosten" nicht entdeckt werden. So ist es kein Wunder, dass Gläser plötzlich bei den hohen Herrschaften immer mehr „en vogue" waren. Durch das Glas konnte man hässliche Trübungen oder andere verdächtige Spuren von Gift besser erkennen. Doch die freundliche Art des Zuprostens, mitunter ergänzt durch markige Trinksprüche, ist auch in den Glaszeiten gute Tischsitte geblieben. Und in den nördlicheren Gebieten Europas ist sie es heute noch.

Übrigens: In Frankreich und Italien wird sehr selten zugeprostet. Ob es daran liegt, dass diese Länder schon sehr früh mit Gift arbeiteten? Wir wissen es nicht.

SOMMELIER

VOM ESELSTREIBER ZUM HERR DER WEINE

Manch einer beruft sich auf Ganymed, den Mundschenk der Götter. Er soll Urvater der Sommeliers gewesen sein. Sicher, der gute Ganymed durfte den Göttern auf dem Olymp Nektar kredenzen, doch hatte er mit dem Sommelier, wie wir ihn heute kennen, nichts gemeinsam.

Andere Experten meinen, dass das Wort Sommelier mit dem Französischen „sommet" – also „Gipfel" – in Einklang zu bringen sei. Davon abgesehen, dass manchmal eine Weinauswahl wirklich der Gipfel sein kann, ist auch diese Theorie eher unwahrscheinlich.

Genau betrachtet ist der Sommelier nichts anderes als ein Eselstreiber. Schon im Wort versteckt sich der französische Begriff für das Lastvieh, der „bête de somme". Zu Zeiten Karls des Großen zog der Sommelier zusammen mit Eseln und Maultieren mit dem königlichen Hofe über Lande – entweder voraus oder hinterher. Kein einfaches Leben, wo Kaiser Karl doch gerne von Pfalz zu Pfalz reiste und es selten länger als einige Wochen am selben Ort aushielt.

Doch diese Reiserei fand dann mal ein Ende, die verschiedenen Hofstaaten ließen sich in unterschiedlichen Hauptstädten nieder, beispielsweise der französische König in Paris, der anfangs vom Louvre aus das Land regierte. Die Eselstreiber hatten daher fast ausgedient. Aber eben nur fast, denn sie transportierten nun Lebensmittel und Wein aus den verschiedensten Regionen an den königlichen Amtssitz. Die Vermutung liegt nahe, dass sie dabei die Weine ihres Landes nicht nur transportiert, sondern auch verkostet und getrunken haben. Was liegt da näher, als dass aus einfachen Eselstreibern echte Weinexperten wurden?

Dem Mundschenk am Hofe arbeiteten die weinkundigen Eselstreiber zu, solange es noch einen Hof in Paris gab. 1789 wurde die Bastille gestürmt, die Revolution brach aus und der französische Adel verlor seinen Kopf. Natürlich auch der Mundschenk. Revolutioniert wurde danach aber auch die so genannte Gastro-Szene, um es einmal neudeutsch auszudrücken. Das Restaurant wurde erfunden, der Ort, an dem man in der Sprache der Revolutionäre seine Körper restaurieren konnte. Die Küchenchefs der Adelspaläste kochten nun für die neuen Herren auf. Und dort, wo gerne und gut gegessen wird, besonders in Frankreich, da darf auch ein guter Wein nicht fehlen.

Leider weiß man heute nicht mehr, welchem genialen Kopf damals die Idee gekommen ist, das außerordentliche Weinwissen der Eselstreiber zu nutzen.

Jedenfalls fanden viele von ihnen eine neue Aufgabe in den Restaurants: Als Sommeliers empfahlen sie den Gästen die Weine zu den verschiedensten Speisen und Anlässen. Und das tun sie heute noch. Sie probieren die Weine beim Winzer oder Weinhändler, kaufen ein, sind verantwortlich für die Lagerung und gestalten die Weinkarte. Und natürlich sind sie im Restaurant für die Zufriedenheit der Gäste verantwortlich, denn ihnen soll es dort ja schließlich auch wie Königen gehen ...

10

GRAUBURGUNDER

EINE WEINSORTE AUF UMWEGEN

Einfach abenteuerlich – nur so kann man den Weg beschreiben, den der Grauburgunder in seiner wechselvollen Geschichte genommen hat. Angeblich liegen die Wurzeln der traditionellen Rebsorte im Wallis, im 14. Jahrhundert soll sie dann – wie auch immer – von Frankreich zum Ballaton in Ungarn gewandert sein. Erst durch einen Hauptmann kam sie zwei Jahrhunderte später nach Südwestdeutschland. Lazarus von Schwendi soll – während der Türkenfeldzüge – in der Region um Tokay auf diese beeindruckende Rebsorte gestoßen und so begeistert gewesen sein, dass er sie in seine Heimat mitnahm.

Der Hauptmann vermutete damals, dass diese Rebe die Grundlage des Tokayers sei – aber schließlich war er ja auch Fachmann in Sachen militärischer Strategie und kein Experte in Sachen Wein. Wie dem auch sei: Er baute die von ihm importierte Rebsorte auf seinen Ländereien im Markgräflerland und im südlichen Elsass an. Und noch heute heißt deshalb diese Rebsorte dort Tokay Pinot Gris – ein Name, der auf einer Vermutung basiert.

In Süddeutschland hingegen hatte der Grauburgunder zunächst keine erfolgreiche Zukunft, er verschwand einfach sang- und klanglos von der Bild- bzw. Anbaufläche. Erst 1711 wurde er vom Kaufmann Ruland Speyer in seinem verwilderten Garten wieder entdeckt, kultiviert und angebaut. Ihm ist es deshalb zu verdanken, dass für Grauburgunder in Deutschland auch der Begriff Ruländer benutzt wird. Und während mit Ruländer heute meist restsüße Weine bezeichnet werden, versteht man unter Grauburgunder jene Weine mit kraftvoller Eleganz, die aus den graurot getönten Beeren des widerstandsfähigen Abkömmlings des Pinot Noirs gewonnen werden. Im Elsass, in Österreich und auch in Deutschland erreicht er als Spät- und Auslese oft Spitzenqualitäten und präsentiert sich als dichter Wein mit feiner Würze, aber nur wenig Säure.

11

WÄRME, WÜRZE UND WEIN

EINE VORZÜGLICHE MIXTUR

Genuss haben die Menschen schon immer groß geschrieben. Egal in welchem Jahrtausend. Was gut schmeckte, könnte auch noch besser schmecken. Und so haben schon die alten Griechen Wein mit Wasser, Honig und Gewürzen gemischt, denn schon damals galt: je exotischer die Herkunft der Zutaten, desto besser die Weine. Auch die Römer zogen Mix-Weine dem reinen Wein vor und folgten dem Vorbild der Griechen, die, so könnte man es salopp formulieren, als „Franzosen" des Altertums gelten könnten: Kulinarisches aus ihrem Land war im alten Rom echt „in". Eine Tradition, die sich über die Jahrhunderte bis heute gehalten hat. Karl der Große mochte Würz-Wein, auch der französische Sonnenkönig. Kein Wunder, Europa war kalt und schon damals wurde dieser Wein warm getrunken.

Doch zu wahren Höchstleistungen kam der gewürzte Wein erst im späten Mittelalter: Als die Gewürzspezialitäten aus Asien ein Vermögen kosteten und der Gastgeber nach der Menge der verabreichten Gewürze und nicht nach dem Geschmack gemessen wurde. Ganz einfach: Wer reichlich gewürzten Wein anbot, war nicht nur steinreich, sondern auch gesellschaftlich anerkannt.

Auch in der alten Handelsmetropole Basel lag gewürzter Wein voll im Trend, hier wurde junger Wein mit Gewürzen versetzt, im Fass oder später auf der Flasche gelagert und beim nächsten Weihnachtsfest geöffnet. Die Baseler erinnerten sich an das griechische Vorbild und gaben ihrem Wein den anspruchsvollen Namen „Hypocras". Kein Geringerer als Hippokrates, der berühmte Arzt des Altertums, stand Pate. Ähnlichkeiten im Namen sind also gewollt und nicht rein zufällig. „Hypocras" wurde zeitweise sehr stark gewürzt, vor allem in der Renaissance und dem Barock.

Heute würde uns der historische „Hypocras" wahrscheinlich nicht mehr schmecken, wir würden die starken Gewürze als bitter und unangenehm empfinden. Und wer auch im 21. Jahrhundert durch Basel spaziert, wird überall „Hypocras" kaufen können, der heute ganz nach antikem Vorbild kalt getrunken und nur gelegentlich wie einfacher Glühwein erhitzt wird. Doch auch heute noch hat Glühwein seine Liebhaber, vor allen Dingen in der dunklen, nassen und kalten Winter-Weihnachts-Zeit.

12

GEPANSCHTER WEIN...

AUCH FÜR GEKRÖNTE HÄUPTER

Angeblich soll es dem englischen König Georg IV. zugestoßen sein ... Sein Weinkeller hatte einen ausgesprochen guten Ruf und war deshalb immer wieder magischer Anziehungspunkt für seine Freunde und vertrauten Gefährten, die einem guten Tropfen gegenüber nicht abgeneigt waren. Doch böse können diese so genannten Weinfreundschaften dann ausgehen, wenn die netten Gefährten ausgerechnet jene Flaschen leeren, die seine Majestät für den nächsten Tag an der langen Tafel verlangte. Guter Rat war teuer, doch die Weinfreunde des Königs waren erfinderisch. Sie öffneten kurz entschlossen die letzte noch verbliebene Flasche und mixten nach deren Verkostung einen neuen Wein zusammen, der dem Original scheinbar in nichts nachgestanden hat. Der erste überlieferte gepanschte Wein – und das in den besten Kreisen bei Hofe. Der König jedenfalls, so erzählte man sich später mit einem leicht ironischen Unterton, solle angeblich nichts bemerkt haben. Oder ob er nur gute Miene zum bösen Spiel machte?

Auch wissen wir nicht, ob die Panscher sich damals einfach nur an das beliebte englische Rezept für „echten Port" hielten: Man nehme Apfelwein, roten Kapwein (aus dem heutigen Südafrika), mixe das Ganze noch mit etwas Brandy – und fertig ist feinster englischer Port. Doch die erfinderischen Panscher könnten sich auch an ein Rezept aus deutschen Landen des 17. Jahrhunderts erinnert haben, mit dem man ganz einfach mit Hilfe von Maulbeersaft und etwas Blei mir nichts, dir nichts aus minderem, saurem weißen Rheinwein einen großen roten Burgunder zauberte. Oder hatten die Panscher einfach nur verschiedene Weine, die im Keller lagerten, zusammengebraut?

Wie auch immer: Georg IV. war mit dem gepanschten Wein sehr zufrieden, verschaffte er ihm doch größten königlichen Genuss. „Des Allerhöchsten Heiterkeit", wie ein zeitgenössischer Autor schrieb, wurde „durch nichts getrübt", und der Produzent dieses Wein-Trankes genoss unter seinen Freunden für Jahre einen ganz hervorragenden Ruf.

13

FERNET BRANCA ...

UND ANDERE MAGISCHE BITTER

Alles war perfekt. Bis jetzt. Sie hatte „ja" gesagt zum Dinner, und alles verlief nach Plan. Das Restaurant war verschwiegen, das Menü köstlich, die Unterhaltung angeregt, ein tiefer Blick in ihre Augen ... Was nun, nach drei Stunden und fünf Gängen? Nach dem Espresso kann doch nicht einfach alles vorbei sein. Ein Bitterlikör musste her, aber nicht irgendeiner, sondern Fernet Branca. Der mit dem Adler drauf und der, von dem behauptet wird, dass er nicht nur die Verdauung fördert, sondern eben auch aphrodisische Wirkung hat. Der magische Bitter?

Nach diesem Abend wollte ich es endlich wissen, das Geheimnis dieses Bitterlikörs, und habe beim Stöbern in der Geschichte gelernt: Dieser Fernet Branca aus Italien ist nicht der älteste. Andere berühmte Namen sind ihm vorausgegangen, schon im Mittelalter schätzten französische Könige und Päpste in Avignon Liköre, und schon damals, viele Jahrhunderte früher, erzählte man sich bei Hofe, dieser Likör habe wahrhaft magische Kräfte.

Auf abenteuerlichsten Wegen kamen Rezepte aus dem geheimnisvollen Orient oder auch aus manch dunkler Alchimistenküche nach Europa, berühmte und weniger berühmte Liköre kamen auf die Tafel des Hochadels. Manche waren sehr bitter, andere eher süß. Und es gehörte einfach zum guten Ton, seine eigene, geheimnisumwitterte Rezeptur zu haben. So wurden „Bénédictine", „Ettaler" oder auch „Chartreuse" geboren, und der Siegeszug dieser „Medizin" begleitet das 16. und 17. Jahrhundert.

Und wo bleibt nun mein Fernet, der, den man heute entweder liebt oder hasst? Er taucht erst sehr viel später aus dem Dunkel der Geschichte auf, aber dafür gleich mit viel Erfolg. Angeblich soll das Rezept von einem bis heute unbekannten lombardischen Alchimisten stammen. Gesichert ist jedoch, dass das Rezept von einer Tochter der gehobenen Mailänder Gesellschaft im Jahr 1845 eingeführt wurde, von Maria Scala. Und bis heute ist die Zauberformel des Fernet Branca das bestgehütete Firmengeheimnis. Fest steht lediglich, dass Fernet Branca ein

Blend aus über 40 Kräutern und Gewürzen ist, der auf der Basis von Alkohol (aus Trauben) destilliert wird. Enthalten ist Myrrhe, die bittere Pflanze des Orients, Kardamom, das Gewürz aus der Weihnachtsbäckerei, die Kamille mit ihrer heilenden Wirkung, Rhabarber, schon immer als Aphrodisiakum bekannt, den Hauch luxuriöser Exklusivität schließlich bringt das kostbare Safran.

Ob die junge Mailänderin Maria Scala wusste, welch' angenehme Nebenwirkungen ihr Verdauungslikör haben würde, ist leider nicht überliefert.

Der Kommerzialisierung stand nach ihrer Hochzeit mit einem gewissen Signore Branca nichts mehr im Weg, und auch der Name war dann schnell gefunden: Fernet Branca. Noch heute sind die Brancas für diesen Bitter verantwortlich, und auch im neuen Jahrtausend ist scheinbar alles noch so wie vor über 150 Jahren. Nur die Produktionsmethoden sind den modernen Möglichkeiten angepasst, garantieren sie doch beste Qualität. Die kleine Handwaage von Maria Scala ist abgelöst durch computergesteuerte Programme. Jede einzelne Zutat des Fernet Branca unterliegt strengsten Qualitätskontrollen. Und so schmeckt Fernet Branca überall dort, wo er zu haben ist, eben nach Fernet Branca.

Nein, sagen Sie? Beim Fernet gibt es wohl Unterschiede? In Deutschland sei er etwas milder, sagen Sie. Und in der Schweiz, da sei er am bittersten. In Italien schmecken Sie einen Hauch mehr Süße? Er sei für jeden Markt geschmacklich abgestimmt?

Auslöser dafür dürften einige Gramm mehr oder weniger Restzucker sein, abgestimmt auf die Vorlieben der Genießer. Eine ausgetüftelte Markenstrategie ist wohl eher dafür verantwortlich, dass Fernet Branca mit dem Adler als Symbol für Magie und übernatürliche Kräfte zum reinen Kultgetränk avancierte. Fast ein Wunder in der Welt der Bitters, denn gerade der ist meist zu einem Dasein rund um den Kirchturm verdammt. Egal ob Spreewald Bitter, Ettaler oder Chiemseer Klosterlikör, zu einer „Institution" im eigenen Land reicht es nur selten. Nur wenige Bitterliköre haben den Sprung in die internationale Welt der Digestifs geschafft. So wie Jägermeister – in den USA das Kultgetränk der unter 30-Jährigen.

Mittlerweile ist die Szene der Kräuterliköre, der Bitters und aller Anverwandten in Bewegung. Es gibt sicherlich einige Kandidaten, die in Zukunft von sich reden machen werden, zumindest national: Lauterbacher Tropfen, ein giftgrüner Tropfen aus 16 Kräutern ist nicht nur durch die Nostalgiewelle erfolgreich, sondern auch durch seine einzigartige Qualität. Weitaus schwieriger dürfte es sein, den Kräuterlikör der Gräfin Montgelas zu ergattern. „Der Kräuter" basiert auf über 40 Kräutern und Wurzeln des Alpenraumes, die mit Obstler angesetzt werden. Etwas Karamell gibt anschließend Aroma und Farbe und balanciert die Bitterstoffe. Winkler schenkt ihn in seiner Residenz in Aschau aus, aber nur an gute Freunde!

Zurück zum Anlass meiner Ausführungen über Bitter im Allgemeinen und Fernet Branca im Besonderen. Sie erinnern sich an mein Dinner? Ich mich auch, vor allen Dingen noch heute gern an die angenehmen Nebenwirkungen.

14

BORDEAUX

DER WEIN, AUS DEM DIE TRÄUME SIND

Bordeaux ist viel mehr als nur ein berühmtes Weinanbaugebiet. Bordeaux ist weltweit das Symbol für ganz großen Wein. Es ist die größte, erfolgreichste Appellation Frankreichs, ja der ganzen Welt. Hier werden jährlich auf 100.000 Hektar Rebfläche über vier Millionen Hektoliter oder 660 Millionen Flaschen Wein produziert. Die Eliteweine, die den legendären Ruf des Gebietes begründet haben, machen davon zwar nur gerade mal fünf Prozent aus, doch von ihrem Ansehen profitiert erfolgreich der Weinbau einer ganzen Region, an ihrem Glanz orientieren sich Winemaker aus der ganzen Welt.

Der Name Bordeaux ist Faszination pur für Weinliebhaber, lässt sie träumen von alten Châteaus inmitten weiter grüner Rebflächen, von dunklen, kräftigen Rotweinen, die ein langes Alterungspotenzial haben und deren ausgezeichneter Geschmack durch das besondere Terroir beeinflusst wird. Genau auf halbem Weg zwischen Äquator und Nordpol genießt die Region um Bordeaux ein besonders ausgewogenes Klima, ideal für Weine mit Kraft und Struktur einerseits, Finesse und Eleganz andererseits.

Vor allem die Nähe des Atlantiks mit seinem warmen Golfstrom sorgt für milde Bedingungen und verhindert extreme Temperaturschwankungen, wobei die ausgedehnten Wälder an der aquitanischen Küste auch gegen Stürme vom Meer schützen. Frostgefahr besteht hier kaum. Kies- und Kalkböden bilden eine natürliche Drainage, nasse Füße bekommen die kostbaren Reben so nicht. Ideale Bedingungen also für ganz großen Wein. Und für die Menschen in den Châteaus, die ihn erst dazu machen: wie die beiden nachfolgenden, sehr unterschiedlichen Geschichten beschreiben.

15

ADEL VERPFLICHTET...

CHÂTEAU MOUTON ROTHSCHILD

Eigentlich ist es nur ein winziger Fleck auf der Landkarte Frankreichs. Und doch weltberühmt. Mitten im Haut-Médoc liegt zwischen dem Gironde-Delta und den riesigen Wäldern der Region „Landes“ das Château Mouton Rothschild in Paulliac. Eingebettet in grüne, weite Rebfelder leuchtet der weiße Kalkstein des wohl berühmtesten Weingutes unter der milden Herbstsonne. Gepflegte grüne Buchsbaum-Arkaden säumen knirschende Kieswege und weisen den mittlerweile über 30.000 Besuchern pro Jahr den Weg ins Allerheiligste: in den Weinkeller. Spätestens hier wird deutlich, dass Mouton Rothschild mehr ist als nur Wein. Es ist ein Mythos.

Visuelle Ästhetik spielt auf Château Mouton eine Hauptrolle in jenem Stück, in dem Wein nicht nur perfekt produziert, sondern auch inszeniert wird. Vorhang auf für den berühmten „Grand Chai“, jenen Keller, den der Baron 1926 bauen ließ. Hier reihen sich Hunderte von Barriques in langen Reihen hintereinander, entlang an weiß gekälkten Wänden und stirnseitig eingerahmt von majestätischen Widder-Köpfen, Wahrzeichen des traditionsreichen Châteaus. Eine wahrhaft tadellose Bühne für den Superstar Mouton Rothschild. Selbst die großen Holzküfe, in denen der Gärprozess stattfindet, sind einen Blick wert. Dann geht es nur wenige Stufen hinab in dunkle Gewölbe: Weinkeller-Romantik pur. Nur spärliche Beleuchtung empfängt den Besucher, der staunt angesichts der unzähligen kleinen Eichenfässer, in denen der Wein bis zur Flaschenabfüllung reift. Alles vorverkauft – natürlich. Hinter Schloss und Riegel dann der Privatkeller. Hier lagern über 100.000 Flaschen der besten Weine aus aller Welt – eine unglaubliche Sammlung.

Adel verpflichtet. Schließlich ist Wein für die Rothschilds mehr als nur ein edler Tropfen, Wein ist Mythos, ist Kunst, wovon nicht zuletzt auch das in seiner Art einmalige Weinmuseum zeugt. Zusammen mit seiner Ehefrau Pauline hat der Baron in vielen Jahrzehnten während seiner Reisen seltene, antike und wunderschöne Kunststücke gesammelt, die alle Weingeschichte aus drei Jahrtausenden erzählen: Gläser, Flakons, Wandteppiche, Skulpturen ...

Château Mouton Rothschild: Ein Name mit magischer Anziehungskraft. Doch nicht nur guter Boden, alte Traditionen und eine spezielle Technik haben diesen Wein groß gemacht, sondern auch die Menschen, allen voran Baron Philippe, der sich im Alter von 20 Jahren 1922 spontan entschlossen hatte, dem leicht verwahrlosten Schloss neuen Glanz zu verleihen. Für Philippe war es Liebe auf den ersten Blick, und sie war stark genug, um dafür Paris zu verlassen. Sein Urgroßvater Nathan hatte das Schloss 1853 gekauft und das nur, um den einflussreichen Köpfen seiner Zeit Weine aus eigener Produktion anbieten zu können. Doch die große Stunde des Châteaus, damals noch ein zweites Gewächs, sollte erst 70 Jahre später schlagen.

„Der Erste darf ich nicht sein, der Zweite will ich nicht sein – Mouton bin ich", war deshalb das Motto von Baron Philippe. Er investierte nicht nur viel Geld, sondern revolutionierte die damalige Weinwelt: Ihm ist es zu verdanken, dass sich Wein und Winzer ganz allmählich aus der Vormundschaft des Bordelaiser Weinhandels lösen konnten, indem er die Barriques nicht einfach mehr an Großhändler weiterverkaufte, sondern selbst seinen Wein auf dem Schloss abfüllte. In Bordeaux hielt man dies für eine absolut verrückte Idee – mit der Konsequenz, dass nur zwei Jahre später immer mehr Produzenten dem Beispiel des Barons folgten.

Und zur Überraschung aller veränderte Philippe auch seine Etiketten. 1924 hatte er die geniale Idee, beim berühmten, vom Kubismus beeinflussten Plakatmaler Jean Carlu ein Etikett für den Jahrgang in Auftrag zu geben, das die Mouton-Flaschen zu einem Kunstwerk machte. Aber erst für den Jahrgang 1945 nahm der Baron diese Idee wieder auf – zur Siegesfeier der Alliierten. Er bestellte eine grafische Komposition des „V" für „Victory" beim jungen Maler Philippe Julien. Gleichzeitig war dies der Startschuss für eine faszinierende Kollektion und außergewöhnliche Dokumentation aktueller Kunstgeschichte. Denn seither kreieren alljährlich zeitgenössische Künstler das Etikett des neuen Jahrganges: Henry Moore, Andy Warhol, Marc Chagall, Pablo Picasso ... Sie alle haben dies ohne Honorar gemacht – für eine Kiste Wein.

Seinen größten Erfolg aber hatte Philippe wohl 1973: Château Mouton Rothschild wurde vom zweiten Gewächs offiziell zum „Premier Cru Classé" erhoben. Die Eintrittskarte in den Weinhochadel. Angepflanzt auf überschaubaren 75 ha ist es auch dieser Wein-Superstar aus 80 Prozent Cabernet Sauvignon, zehn Prozent Cabernet-Franc, acht Prozent Merlot und zwei Prozent Petit-Verdot, der den Mythos von Rothschild begründet. 1988 starb der Baron im Alter von 86 Jahren – nach über 60 Jahren „Regentschaft". Seither führt seine Tochter, Baronin Philippine de Rothschild, ehemalige Schauspielerin und schillernde Figur im Weinbusiness, das erfolgreiche Familienunternehmen. Sie gilt als unkonventionell, humorvoll, freundlich und herzlich, aber auch als eigenwillig. Wie ihr Vater. Sie machte aus den Kunst-Etiketten eine erfolgreiche Wanderausstellung, sie startete 1997 eine Partnerschaft mit einem führenden chilenischen Weinproduzenten – Vina Concha Y Toro – und sie baute die 1979 von ihrem Vater begonnene Beziehung mit dem Weingut Robert Mondavi, die der Welt den Kultwein Opus One bescherte, konsequent weiter aus.

Die Rothschilds – die beiden Söhne von Philippine werden einmal das legendäre Erbe übernehmen – werden vielleicht weiter Weingeschichte schreiben, werden nach wie vor auf dem steinigen Boden Wein anbauen, werden vom Klima mit feuchten Wintern und heißen Sommern profitieren. Auch in Zukunft werden die tief greifenden Wurzeln der krummen, knorrigen Weinstöcke im Kiessand stecken und den Charakter der Weine wesentlich prägen: Die Zeiten mögen sich ändern, aber nicht ein klassischer Château Mouton Rothschild.

16

CHÂTEAU CISSAC

GESPENSTER HELFEN BEI GESCHÄFTEN

Oft wird es „nur" als kleiner Bruder des Weinhochadels betitelt. Doch Château Cissac, in unmittelbarer Nachbarschaft des berühmten Château Mouton Rothschild, muss sich nicht verstecken. Ganz im Gegenteil: Die mit Liebe und Leidenschaft gemachten Weine dieses kleinen Châteaus können es durchaus mit der Qualität der großen Gewächse der klassifizierten Nachbargemeinde Pauillac aufnehmen.

„Wann immer du einen friedlichen Platz suchst – kann man sich dann einen anderen vorstellen?" Ohne Zweifel: Die Welt scheint ihren Frieden gefunden zu haben an diesem schönen Herbstmorgen. Verschlafen duckt sich der Hundert-Seelen-Ort in den Schatten der kleinen Dorfkirche, knapp zwei Kilometer nordwestlich von Paulliac entfernt. Hier ist Château Cissac zu Hause, eigentlich mehr herrschaftlicher Landsitz als Schloss. Und hier macht die Familie Vialard seit Jahrzehnten ganz ausgezeichneten Wein. Immer mit dabei: der gute Hausgeist.

50 Hektar Rebfläche: 75 Prozent Cabernet Sauvignon, 20 Prozent Merlot und fünf Prozent Petit-Verdot, 220.000 Flaschen pro Jahr, eingestuft als „Cru Grand Bourgeois Exceptionnel" – die höchste Qualitätsstufe für diese Region. Und: Es sind erstaunlich schöne, elegante Weine mit feinem Bukett, ausgewogener Holz- und Fruchtnote.

Wein und das „Weinmachen" haben hier Geschichte geschrieben. Das sieht man, das riecht man und das spürt man. Die Geschichte dieses Châteaus reicht weit zurück. 1895 kaufte Jacques Mondon, Rechtsanwalt in Paulliac, Rebland in der Umgebung von Cissac-Médoc und fasste es unter dem Namen Château Cissac zusammen. Als Louis Vialard, dessen Familie schon seit 300 Jahren eng mit dem Weinbau verbunden ist, 1940 den Besitz von seinen Großeltern Mondon erbte, war es sein Ziel, die Weinstöcke und das Haus zu restaurieren – als Zuhause für seine Familie.

Das Château selbst ist, so wie wir es heute kennen, aus dem Jahr 1769, doch ohne Zweifel sind einige Teile jahrhundertealt und römischen Ursprungs. Seine Frau Monique, die ihm nur ein Jahr später folgte, legte den Garten an, der noch 50 Jahre später (fast) unverändert ist:

ein kleiner Park, aufgeteilt in quadratische Karrees, Rasen, Rosen und Hortensien, eine große Terrasse mit Blick auf den Kirchturm und vor dem Haus der Kräutergarten. Frisches Gemüse aus dem eigenen Garten kommt auch heute noch bei Vialards auf den Tisch.

Ein uraltes Haus – und davon sind die Vialards überzeugt – mit einem genauso uralten Bewohner: dem Phantom von Schloss Cissac. Ungewöhnliche Dinge passieren, die man sich nicht erklären kann. Fenster springen einfach auf, Gläser fallen um, Servietten flattern zu Boden – ohne dass ein Mensch seine Hand im Spiel gehabt hat. Schatten hat man schon gesehen und – davon sind alle Familienmitglieder überzeugt: Es ist ein liebes Phantom, das der Familie gut gesonnen ist. Bei großen Geschäften habe es sich stets bemerkbar gemacht. Einmal, so wird erzählt, seien während der Verhandlungen immer wieder Münzen auf den Boden gerollt, die aber keiner der Beteiligten verloren hatte oder vermisste. Später stellte sich heraus, dass die Familie durch diesen Abschluss viel Geld verloren hat und das nur, weil man die Warnungen des guten Geistes nicht ernst genommen hat. Das ist den Vialards nie wieder passiert. Fortan wurden die unerklärlichen Dinge in Betracht gezogen: Denn das hilfsbereite Phantom wohnt noch immer in den alten Mauern.

Das Phantom als steter Begleiter, als Ratgeber – manchmal auch als Überraschungsgast für die ganze Familie. Die Vialards mögen ihren Geist, haben sich mit ihm arrangiert und an seine Anwesenheit längst gewöhnt. Sie glauben es nicht? Fragen Sie doch einmal die Vialards.

Drei Kinder haben Louis und Monique Vialard, Tochter Danielle leitet heute Gut und Keller. „Seit fünf Generationen schon machen wir hier Wein. Und wir hoffen, dass dies noch lange so bleibt." Erst vor kurzem ist auch Marie Vialard dazugekommen, die eines Tages in die Fußstapfen ihrer Tante treten wird und jetzt all das lernt, was Danielle schon von ihrem Vater erfahren hat.

Die größte Sorge ihres Vaters, der auch heute noch im Alter von 82 Jahren täglich ein Auge auf die Produktion wirft, sei damals gewesen, so Danielle Vialard, „dass der Wein zu feminin schmecken würde." Weit gefehlt. Die Weine ihres Vaters hatten vielleicht eine deutlichere Säure und ihrer ist eine Spur weicher, aber seinen typischen Charakter hat er behalten: Ein hochwertiger Wein mit ausgeprägter Frucht und Mineralität, der die Typizität des Terroir (das Zusammenspiel von Boden, Kleinklima, Lage und Einfluss der Menschen) widerspiegelt.

„Alle Jahre wieder eine neue Kreation – das ist auch eine Herausforderung", so die passionierte Weinmacherin. „Mein Vater hat mir immer gesagt: Gib' dich nie mit dem zufrieden, was du erreicht hast. Mache immer weiter, bleib' nicht stehen." Wein bedeutet für sie Leidenschaft und „auch ein bisschen Zauber". Eine Leidenschaft, die sie von ihrem Vater geerbt hat, die sich auf die nächste Generation überträgt und hoffentlich auch auf die übernächste.

„Unsere Familie hat viele starke Persönlichkeiten. Mein Vater ist eine. Jede Generation hat ihre und wir werden das akzeptieren, auch beim Wein machen", sagt Danielle mit Blick auf den wechselnden Wein-Geschmack der Generationen. Sie legt Wert auf die Feststellung, dass sie nicht alleine diesen hervorragenden Wein macht, „sondern das Team. Ganz alleine – ich wäre nichts", betont sie. Und ihr Vater, der die harte Aufbauarbeit geleistet hat, auch nach Reblausbefall Anfang der 60er Jahre wieder von vorne anfing – er bezeichnet die Arbeit mit und am Wein nicht als Arbeit. „Das war Liebe", sagt er. Und das schmeckt man.

17

WEINBERG

DIE ROSE ALS KRANKENSCHWESTER DER REBE

Im Juni leuchten die Weinberge Frankreichs in vielen bunten Farben. Rosenbüsche in allen Rottönen, in rot, weiß und gelb säumen zu Hunderten den Rand der kostbaren Rebzeilen.

Und was auf den ersten Blick wie ein schöner, dekorativer Farbtupfer in eintönig grüner Weinlandschaft aussieht, entpuppt sich bei näherem Betrachten als nützliches Pflegemittel für den Weinberg.

Dafür gibt es zwei Gründe und – wie es Alexander von Beck, Regisseur von Château du Tertre gerne erzählt – der eine ist französischen, der andere eher germanischen Ursprungs.

Für ihn klingt es fast romantisch, wenn die Rose – die Königin unter den Blumen – als Krankenschwester des Rebstocks gilt. Und das nur deshalb, weil sie auf viele Krankheiten, besonders aber auf Mehltau, genauso reagiert wie die Rebe. Dazu kommt, dass die Rose sehr viel empfindlicher ist und Krankheitssymptome bei ihr früher auftreten. Das lässt dem Winzer genug Zeit, seine kostbaren Rebstöcke rechtzeitig zu behandeln und Krankheiten vorzubeugen.

Das Medikament gegen den gefürchteten Mehltau soll einst durch Zufall von einem Monsieur namens Johnston, Besitzer von Château Ducru-Beaucaillou, im 19. Jahrhundert erfunden worden sein. Er mixte mit Erfolg jene „Bordelaiser Brühe", eine Mischung aus Kalk, Kupfersulfat und Wasser, die auch im 21. Jahrhundert noch im Kampf gegen den Mehltau eingesetzt wird. Historisch verbrieft ist diese Mixtur seit 1885, als Alexis Millardet, Professor für Botanik an der Universität von Bordeaux, sie niederschrieb.

Der zweite, „germanische" Grund, weshalb Rosen am Rebrand wachsen, ist – wen wundert's – weitaus praktischerer Natur: Zu einer Zeit, als die Weinberge noch mit Pferden- oder Ochsengespannen bearbeitet wurden, hatten die Tiere die Angewohnheit, am Ende einer Rebzeile einen zu kurzen Bogen zu machen. Zu kurz. Denn mit schöner Regelmäßigkeit rissen sie damit den letzten Rebstock einer Zeile systematisch um. Doch seitdem Rosen die Stöcke schützten, schlugen sie einen großen Bogen. Bekanntschaft mit den spitzen Dornen haben auch sie nur einmal gemacht ...

18

ZEITREISE ...

DURCH GRIECHENLANDS WEINE

Zahlreich wie die Sandkörner am Meer seien die Rebsorten in Griechenland, berichtete der römische Historiker und Dichter Plinius. Kein Wunder, galt doch seit jeher Griechenland als die Wiege der westlichen Weinkultur. Immerhin wurde Dionysos in den Bergen Mazedoniens geboren und unterrichtete die Griechen im Fach Weinkultur, sie selbst entwickelten dann anschließend neue Techniken, um Wein optimal herzustellen.

Sie trockneten die Trauben, um einen konzentrierten Most zu bekommen. Davon legen die Weine von Samos beredt Zeugnis ab. Der Most wurde eingekocht, um einen höheren Zuckergehalt zu erhalten, leichtere Weine wurden durch die Zugabe von Harz stabilisiert, die Geburt des Retsina (griechische Weißweine, denen vor oder während der Gärung Harz zugesetzt wird, ursprünglich, um die Oxidation des Weines zu vermeiden).

In der Antike kam Griechenland in Bezug auf Wein die gleiche herausragende Bedeutung zu wie Frankreich heute. Die Weine waren „en vogue“ und Qualität wurde an griechischen Maßstäben gemessen. Dies blieb bis ins hohe Mittelalter so.

Doch mit der Zeit bekamen die Griechen Konkurrenz: Auf Grund der Schwäche des Kaisers von Konstantinopel eroberte sich die Venezianische Drogenrepublik Zug um Zug Einfluss und Handelsvorteile. In dem damals venezianischen Kreta kopierte man perfekt die Weine der Griechen, und bald darauf waren die Weine aus Candia, wie man die Insel zu dieser Zeit hieß, berühmter als die Vorbilder aus Griechenland.

Die Okkupation durch die Osmanen Ende des 15. Jahrhunderts machte dem Weinbau nahezu ein Ende. Trauben durften nur als Tafelobst angebaut werden. Die Weinproduktion war nur gegen die Entrichtung hoher Steuern erlaubt. Nur die Bewohner einer einzigen Insel lehnten sich gegen diese Steuer auf ... und setzten sich durch. Die Einwohner von Samos sollen geschlossen die Insel verlassen haben. Als die Osmanen dann feststellten, dass sie mit der Insel ohne ihre Bewohner nichts anfangen konnten, holten sie sie wieder zurück. Mit großzügigen Versprechen, die angeblich auch eingehalten worden sein sollen.

Die lange Herrschaft der osmanischen Türken bedeutete für Griechenland Fluch und Segen zugleich. Als das moderne Griechenland aus der Taufe gehoben wurde, hatte es den Anschluss an die internationale Weinentwicklung verpasst. Fast schien es so, Griechenland sei auf lange Zeit zum Lieferanten billigster Weine verdammt. Doch gerade diese Rückständigkeit ließ Reben überleben, die anderswo wahrscheinlich dem Fortschritt geopfert worden wären. Als schließlich der Einfluss der westlichen Welt auf die griechische Weinproduktion immer größer wurde, erkannten die auch im Ausland ausgebildeten Önologen schnell das Potenzial, das in ihren autochthonen Reben steckt. Heute kennt man in Griechenland noch über 300 eigenständige Reben. Einige von ihnen, wie die Sorten Xynomavro oder Aghioritiko, haben internationales Format, und engagierte Winzer erzeugen Weine absoluter Spitzenklasse.

So betrachtet hatte Griechenland Glück im Unglück und ist heute eines der spannendsten Weinländer der Welt.

19

GOUDA IN BORDEAUX

WARUM DER KÄSE DIE ROTE SCHALE BEKAM

Die alten Handelswege für Wein hingen von den natürlichen Gegebenheiten ab. Da Wein bis weit ins 19. Jahrhundert hinein im Fass transportiert wurde, suchten sich die Händler den schnellsten und einfachsten Weg, um den Wein sicher auf den Tisch des Kunden zu bringen.

Die Benutzung der Wasserwege wurde eindeutig bevorzugt, denn der Transport mit dem Schiff war schneller, ungefährlicher und kostengünstiger als der Transport über Land, bei dem die wertvolle Fracht meist mit schwerfälligen Ochsenkarren durch gefährliche dunkle Wälder und über Gebirgspässe transportiert werden musste.

So wundert es heute nicht mehr, dass die Kölner gerne Wein von Mosel, Ahr und Rhein tranken, während in Mainz selten Wein aus den nördlicheren Anbaugebieten auf den Tisch kam. Und die Hansestädte hielten sich beim Weißwein ebenfalls an die Gewächse von Rhein und Mosel. Über den Seeweg wurden sie mit Rotwein aus Bordeaux versorgt. Die Münchener wiederum profitierten von der Nähe zu Tirol und Italien.

Interessant wird die Analyse in den Benelux-Ländern. Bordeaux war die Hafenstadt und der Umschlagplatz für Wein. Besonders die Weine aus dem Médoc und aus Graves wurden hier verschifft, die traditionellen Barriques nach Holland befördert. Die Weine des östlichen Ufers, also die Gewächse aus Saint-Emilion und Pomerol, wurden aber immer nur dann über Bordeaux verschifft, wenn es nicht genug Wein aus dem Médoc und den Graves gab. So mussten sich die Winzer aus dem Hinterland etwas einfallen lassen, um im Geschäft zu bleiben. Sie machten einen Deal mit den reisenden Händlern aus dem Gebiet der Corrèze, um die Weintrinker in Belgien und den angrenzenden Staaten zu versorgen. Die Händler kauften die Weine und transportierten sie zum Teil über Land, zum Teil aber auch über die Flüsse nach Belgien. Weinfreunde in Belgien favorisieren auch heute noch die Weine des rechten Ufers, mögen die Merlot-betonten Tropfen aus Saint-Emilion, Pomerol und Fronsac – lieb gewordene Tradition seit Jahrhunderten.

Weine aus dem Médoc sind dafür stärker in den Niederlanden vertreten. Und diese enge Verbindung soll Grund dafür sein, dass der legendäre Gouda-Käse gelegentlich eine rote Schale hat. Nachdem die mit tiefrotem Bordeaux gefüllten Fässer in Holland geleert worden waren, wurden sie für die Rückfahrt – sozusagen als Ballast für die Schiffe – mit Käsekugeln gefüllt und wieder nach Bordeaux verschifft. Während der nicht immer ruhigen Seefahrt rollten diese munter im Fass durcheinander, stießen an die Fasswand, die mit rotem Wein durchtränkt war. Nur eine Frage der Zeit, bis auch die Käserinde nicht mehr weiß, sondern weinrot war. Leider gibt es bis heute keinen eindeutigen Beweis dafür, dass der Gouda tatsächlich so an seine rote Schale gekommen ist, doch vorstellbar ist es schon, oder? Auch heute ist die enge Verbindung der Holländer mit Bordeaux noch sichtbar: Gern wird in den Châteaux ein Gouda oder sein französisches Pendant, die Mimoulette, gereicht. Beide passen übrigens hervorragend zu reifem Bordeaux, egal ob vom rechten oder linken Flussufer.

20

ZIMTDUFT IM WEIN

DIE SPINNEN, DIE SOMMELIERS

„... mit einem Duft, der an verblühende Rosen, vollreife Lytschis und milde Gewürze erinnert ...“, so oder ähnlich beschreibt ein Sommelier einen guten Gewürztraminer im Glas. Und der geneigte Weinfreund erkennt sofort: „Die spinnen, die Sommeliers.“ Ein Wein riecht nach Wein und nicht nach Rosen oder Lytschis. Wie gesagt: „Die spinnen, die Sommeliers.“

Sie spinnen nicht. Klar, dass eine solche Beschreibung im ersten Augenblick mehr mit Dichtung als mit Wahrheit zu tun hat. Doch der Sommelier kann seine Wahrnehmung sogar beweisen. Denn die Düfte, die das so genannte Aroma oder Bouquet freigeben, sind wissenschaftlich nachweisbar. Jeder Duft, sei es der eines Apfels, der einer Zigarre oder der eines gebratenen Steaks, setzt sich aus einer Vielzahl von Komponenten zusammen. Diese flüchtigen Aromastoffe sind zum Teil in minimalsten Konzentrationen (ein Teil pro Trillion) vorhanden und haben trotzdem einen wichtigen Einfluss.

Es gibt sogar Wissenschaftler, die behaupten, dass die Aromastoffe in den Trauben deshalb vorhanden sind, weil sie bestimmte Funktionen im Laufe der Evolution zu erfüllen hatten: zum Anlocken von Insekten zur Bestäubung, zum Schutz vor Insekten bei den ausgereiften Beeren bis hin zum Lockmittel für Vögel, die die Trauben mit dem vollen Aroma fraßen und somit zur weiteren Verbreitung der Samen beitrugen.

Aromastoffe von Trauben bzw. von Wein zu analysieren, ist schwierig, da die flüchtigen Stoffe – wie oben erwähnt – oft nur in minimalsten Konzentrationen vorhanden sind. Einige bisher identifizierte Verbindungen sind beispielsweise die Monoterpene (wie Linalool, Nerol oder Gernaiol), die in Rebsorten mit floralen Aromen gefunden werden. Dazu gehören Muskateller, Riesling oder Gewürztraminer. Norisoprenoide findet man nicht nur in Rebsorten wie Chardonnay, sondern auch in Tabak, Gewürzen und Rosenöl. Kein Wunder, dass mancher Chardonnay an solche Düfte erinnert. Shikimat Derivate, zum Beispiel das Vanillin, findet man häufig in der Rebsorte Syrah oder Shriaz. Das grasige Aroma des Cabernet-Sauvignons geht auf Mehoxypyrazin, eine stickstoffhaltige Verbindung, zurück, die auch im Sauvignon-Blanc für Typizität sorgt. Und aliphatische Verbindungen, wie beispielsweise die Komponenten des Geschmackes von Eichenholz, kommen über den Ausbau im Barrique in den Wein.

Aromastoffe im Wein kommen zum einen über die Traube, die je nach Rebsorte und Herkunft andere Aromakomponenten transportiert. Riesling duftet beispielsweise nach Aprikosen, Apfel und Pfirsich. Grauburgunder hingegen hat Aromen, die an weiße Früchte und Honig erinnern. Gewürztraminer hat ein exotisch-florales Buket, und Muskateller wiederum verfügt über Aromen, die durchaus an Orangenblüten erinnern.

Viele der würzigen Aromen, wie Zimt, Vanille, Karamell, aber auch geröstete oder geräucherte Aromen, gehen auf den Einfluss des Barrique zurück. Das kleine 225 Liter Holzfass, das ursprünglich aus Bordeaux stammt, gibt in den ersten Jahren seines Einsatzes sehr viele Aromen an den Wein ab.

Die Ausprägung der Aromen wird auch über den Gärprozess bestimmt, bei dem komplizierte chemische Prozesse ablaufen. Solche Gärungsprodukte sind beispielsweise Ester, die durch die Reaktion von organischen Säuren mit Alkohol entstehen. Typisch für sie ist das frische, fruchtige Aroma junger Weißweine.

All diese Stoffe sind heute nachweisbar. Ein Gaschromatograph kann jederzeit den Beweis für die Beschreibung des Gewürztraminers durch den Sommelier antreten. Doch die menschliche Nase ist noch viel empfindlicher als ein Gaschromatograph. Es erfordert lediglich etwas Training, die verschiedenen Aromen zu erkennen und zu beschreiben. Der Teil des Gehirns, in dem die Aromen analysiert werden, ist nur schlecht mit dem Großhirn verbunden, in dem das sprachliche Zentrum sitzt. Und so wird es manchem Weinfreund immer wieder passieren, dass er vor einem Glas Wein sitzt und sich sagt: „Der Wein erinnert mich mit seinem Duft an etwas, aber ich kann nicht sagen an was." Ist dann der Sommelier mit dem richtigen „Bild" zur Stelle, wird die Verbindung hergestellt. Und schon riecht der Weinfreund den Duft von verblühenden Rosen und vollreifen Lytschis. „Die Sommeliers, die spinnen." Eben nicht.

21

VERGANGENHEIT

BEIM BARBECUE IN BORDEAUX

Bordeaux ist der Inbegriff für besten französischen Wein. Doch Bordeaux ist mehr. Bordeaux steht für eine faszinierende Landschaft, für abgeschiedene, romantische Châteaus, für eine ausgesucht gute Küche, kurzum: für Genuss pur. Als Beispiel sei hier die Küche des Château Prieuré-Lichine genannt. Die glänzenden Kupferpfannen an den Wänden, der offene Kamin, in dem gerade ein Bündel Rebholz verglüht, um ein klassisches, mit Knoblauch eingeriebenes Entrecôte auf Bordelaiser Art zu grillen, und der festlich gedeckte, dicke Refektoriumstisch in der Mitte lassen die Erinnerung an eine längst vergangene Zeit wach werden, an eine Zeit, in der in dieser Küche noch die Nonnen dieses kleinen Klosters gekocht haben. An diesem ursprünglichen Ort atmet alles Geschichte, ein Gefühl von ursprünglicher Romantik kommt auf.

Ob die heutige Köchin des Châteaus noch nach Rezepten der Nonnen von damals kocht, ist freilich nicht bekannt. Doch die Spezialitäten der südwestfranzösischen Küche wie Gänseleber, Confit von der Ente oder eine Crème brûlée, lassen mich wirklich Zeit und stressigen Alltag vergessen. Bis ich dann leider aus meinen schönen Tagträumen unsanft geweckt werde.

Völlig unvorbereitet werde ich mit der alles entscheidenden Frage konfrontiert, auf welchem Holz denn dieses köstliche Entrecôte gegrillt wurde. Als wenn es nichts Wichtigeres gäbe. Aber ich wusste natürlich, dass es sich um Rebholz gehandelt haben musste. Leider war diese überaus kluge Antwort nicht ausreichend. „Von welcher Rebsorte stammt denn das Rebholz?" Wie bitte? Ernsthaft? Also gut: Ein Weingut, das überwiegend Cabernet-Sauvignon anpflanzt, wird wohl auch dieses Rebholz zum Grillen nehmen. Stimmt. Den Grund liefert die Köchin des Châteaus: Rebholz der Sorte Merlot würde zu schnell verbrennen, viel Asche und keine gute Glut erzeugen. Cabernet-Sauvignon hingegen verbrenne langsam, produziere wenig Asche, dafür aber eine ausgezeichnete Glut. Wieder etwas Wichtiges dazugelernt.

Aber was machen dann die armen Menschen in der Region von Saint-Emilion beim Barbecue? Schließlich ist hier Merlot die am weitesten verbreitete Rebsorte. Und dass hier Cabernet-Sauvignon angepflanzt wird, nur um bestes Holz zum Grillen zu haben ... das ist doch wohl ein Gerücht.

Zählt man alleine die Quadratmeter zusammen, die in Frankreich nur mit Cabernet-Sauvignon angepflanzt sind, könnten alle Franzosen locker mit einem typischen Entrecôte auf Bordelaiser Art versorgt werden. Was einen eher nicht zu der Überzeugung kommen lassen sollte, dass dies der einzig vernünftige Verwendungszweck dieser populären Rebsorte außerhalb des Médoc ist. Vielleicht hilft eine Blindprobe mit Entrecôte weiter, die deutlich zeigt, welcher Cabernet denn nun der bessere zum Grillen ist. Glauben Sie es?

22

WAHRHAFTE WEINE

AUF DEN SPUREN DER RÖMER

„Vita vinum est" – „Wein ist Leben", rief Trimalchio seinen Gästen zu. So jedenfalls steht es im Satyricon von Petronius. Im alten Rom war Wein das Lebensmittel schlechthin. Egal ob arm oder reich: Wein war für alle da.

Ungezählte Schriftrollen zum Thema Weinbau, Weinproduktion und Weingenuss wurden im antiken Rom verfasst und füllten fast ganze Bibliotheken. Auch anerkannte Dichter beschäftigten sich mit dem Thema Wein, selbst Plinius der Ältere (24 n. Chr.-79 n. Chr.) schrieb in seiner Abhandlung über Naturgeschichte auch über Wein, klassifizierte ihn ebenso wie der Dichter Lucius Columella (1. Jahrhundert n. Chr.) nach Qualitätsstufen.

Klassische Weine, so urteilte Plinius damals, könnten nur auf Bäumen wachsen. In der Antike bevorzugte man Bäume anstatt der heute üblichen Rebpfähle, um den Rebstöcken Halt zu geben. Alle großen Weine wie Falerner oder Caecuber wurden daher auf Ulmen oder Pappeln gezogen.

Auf all ihren Eroberungszügen hatten die Römer immer eins in ihrem Marschgepäck dabei: Wein. Die Herrscher Roms haben früh erkannt, dass die Rebe ideal dazu geeignet ist, Menschen dauerhaft an einen Ort zu binden. Sobald ein Legionär in „Rente ging" – normalerweise nach 25 Dienstjahren –, bekam er ein Landgut, meist in einer der neu eroberten Provinzen. Von den Erträgen seiner Felder konnten er und seine Familie in der Regel recht gut leben, doch erst der Anbau von Rebstöcken, die frühestens nach jahrelanger Pflege erste Früchte trugen, machten das Land für ihn wertvoll und verteidigungswürdig. So wurde das Land erst mit dem Schwert und dann mit dem Pflug in Besitz gebracht.

Viele Hinweise auf historische Rebsorten der Antike können wir noch immer finden. Doch ist es schwierig, Parallelen zu heute existierenden Reben zu ziehen. Ähnlichkeiten des Namens können ein Hinweis sein, DNA-Analysen ein weiterer. So vermutet man heute in der Rebsorte Cabernet-Sauvignon in Bordeaux die Nachfolgerin der uralten Bituricer Rebe, die schon vom Dichter Decimus Magnus Ausonius (310-395 n. Chr.) beschrieben wurde.

Ein regelrechtes Schatzkästlein an autochthonen (alteingesessenen) Sorten gibt es auch im 21. Jahrhundert noch in der Schweiz. Im Wallis haben Rebsorten überlebt, die sonst weltweit nicht mehr zu finden sind. Nur dem Engagement der Walliser Winzer ist es zu verdanken, dass diese seltenen Sorten nicht ausgestorben sind und wir die Methusalems der Rebenlandschaft genießen können.

Die Rebsorte Amigne soll römischen Ursprungs sein. Als Vitis Animea wurde sie schon von Columella und Plinius beschrieben. Die Weine sind kraftvoll und aromatisch und eine echte Spezialität des Wallis. Als elegante edelsüße Weine werden sie dann gekeltert, wenn sie auf dem Rebstock im Weinberg durch den Föhnwind getrocknet werden. Dies nennt man auch „flétri sur souche".

Ebenfalls römischen Ursprungs könnte die Rebsorte Petite Arvine sein. Ihre duftigen eleganten Weine sind einzigartig. Sie überzeugt besonders im trockenen Ausbau und man sagt ihrem Geschmack einen leicht salzigen Ton nach.

Humagne rouge und Humagne blanche sind ebenfalls Weine, die man seit den Zeiten der Römer im Wallis vermutet. Ob nun die Reben aus Italien importiert wurden, oder ob die Reben von römischen Siedlern gar aus vorhandenen Wildreben gezüchtet wurden – das ist heute ungewiss.

Eines ist jedoch sicher: Die Spezialitäten des Wallis hatten und haben einen ausgezeichneten Ruf. Aufmerksamkeit erregt auch heute noch der so genannte „Hebammenwein". Er wurde – am Fuß des Gletschers gelagert – der Hebamme nach einer Geburt gereicht, ebenso der jungen Mutter, damit diese wieder auf die Beine kam. Was allerdings der Vater getrunken hat, darüber schweigen die Quellen.

Wie auch immer: Wein aus dem Wallis wandelt auf den Spuren der Römer.

23

GUT UND EDEL

DIE REBE DER PHARAONEN

Unzählige Rebsorten gibt es schon seit vielen Jahrhunderten, einige sogar noch länger. Doch keine ist so alt wie der Gutedel, auch Chasselas genannt – nach einem ostfranzösischen Dorf, in dessen Nähe der König von Frankreich im 18. Jahrhundert eine legendär große Chasselas-Rebe im Garten des Schlosses von Fontainebleau züchtete. Noch heute gibt es in Frankreich Regionen wie Crépy, Savoien und Pouilly sur Loire, in denen die Rebe eine gewisse Bedeutung hat.

Doch diese Rebe, gut und edel eben, ist uralt. Archäologische Funde haben mittlerweile eindeutig nachgewiesen, dass diese Rebsorte bereits im Alten Ägypten angebaut wurde. In Pharaonengräber sind Abbildungen von Reben gefunden worden, deren Blattformen mit denen des heutigen Gutedels übereinstimmen, auch sollen die Traubenkerne ebenfalls Zeugnis der alten Herkunft ablegen können.

Trotz dieses anerkannt hohen Alters bleibt eine Frage offen: Wie kam diese Rebe nach Europa?

Theorien gibt es viele. Und da die ältesten schriftlichen Hinweise auf die Rebsorte aus dem Wallis stammen, könnte es durchaus sein, dass die Rebe zuerst in der Schweiz auftauchte, wo sie schon im 16. Jahrhundert als Fendant beschrieben wurde. Schweizer Söldner, die häufig im Kleinasiatischen Raum anzutreffen waren, könnten einige Rebsetzlinge mit in ihre Heimat genommen haben.

Unumstritten erfolgreich ist Gutedel bis heute in der Schweiz. Im Wallis als Fendant bekannt, hat sie nahezu alle Regionen des Landes bevölkert. Am Genfersee haben es die Weinberge Dézaley und Calamin gar zum Grand Cru Status gebracht. Von hier aus wurde die Rebe im 18. Jahrhundert auch nach Baden exportiert. Der damalige Großherzog studierte in Lausanne, doch er soll häufiger in Vevey eingekehrt sein, um die regionale Weinspezialität zu genießen. Als Souvenir an seine Studienzeit nahm er sie mit in den Süden Badens. In der Markgrafschaft wurde daraufhin Gutedel in großem Stil angebaut, zahlreiche Weinberge wurden neu angelegt (worauf heute noch der Name Neusetze hinweist) und der damals Viviser genannte Wein mutierte langsam zum Markgräfler. Und wieder beglückte der Wein der Pharaonen Generationen von Studenten ... oder kennen Sie einen Juristen, Mediziner, Apotheker ..., der in Freiburg studierte und den Gutedel nicht kennt?

24

DIE MORAL VON DER G'SCHICHT

GLAUBE DEN MÄRCHEN NICHT

Märchen haben uns Menschen schon immer fasziniert. Als Kinder ganz besonders, doch auch als Erwachsene ziehen sie uns noch in ihren magischen Bann. Es gibt Märchen, in denen Wein fast eine Hauptrolle spielt. Vorhang auf für diese Geschichten.

Besonders die Gebrüder Grimm wussten Wein als Mittel zum Zweck gekonnt in Szene zu setzen. Denken Sie doch nur an das arme Rotkäppchen, das seiner Großmutter eine Flasche Wein bringen möchte, an der sich dann allerdings der böse Wolf nach einem echten Festschmaus berauscht. Und auch in der Geschichte mit der goldenen Gans kommt dem Wein eine große Rolle zu. Vielleicht stammt das Sprichwort „Im Wein liegt die Wahrheit" ja aus diesem Märchen.

Es beginnt so, wie es immer beginnt: Es waren einmal ... drei Brüder. Der Älteste wurde von seinem Vater in den Wald geschickt, um einen Baum zu schlagen. Und weil es der Lieblingssohn war (eher ungewöhnlich, sonst sind es meist die jüngsten Söhne), gab ihm die Mutter Kuchen und eine Flasche Wein mit auf den beschwerlichen Weg (hoffentlich war es eine Beerenauslese, sonst wäre die Harmonie futsch gewesen – aber das steht leider nicht im Märchen). Im Wald begegnet ihm ein altes, rundliches Männlein, das ihn auffordert, mit ihm Essen und Trinken zu teilen. Doch der Lieblingssohn ist ein kühler Rechner: Für ihn bleibt dann ja nur noch die Hälfte. Deswegen eilt er ohne geteilt zu haben von dannen. Als er aber den Baum umhauen will, springt die Axt vom Baum zurück und er hackt sich selbst einen Arm ab. Mit nur einem Arm und ohne Holz kehrt er nun zu Mama zurück.

Die schickt den zweiten Sohn in den Wald. Natürlich auch mit einem leckeren Kuchen und einer Flasche Wein (hoffentlich war es dieses Mal auch eine Beerenauslese). Auch ihm begegnet das Männlein und fordert ihn zum Teilen auf. Doch auch der zweite Sohn entpuppt sich als Egoist und lässt das Männchen hungrig stehen. Und es kommt wie es kommen muss: Auch er kommt mit nur einem Arm und ohne Holz nach Hause.

Zu allem Überfluss quengelt jetzt der Jüngste, dass er in den Wald will. Das unbedarfte Bürschchen wird sonst nur gehänselt, von seinen Brüdern und seinen Eltern. Sie lassen ihn ziehen. Die Mutter packt den Korb. Nein, nicht mit Kuchen, sondern nur mit trockenem Brot, und leider auch nicht mit einer Beerenauslese, sondern mit einem jämmerlichen, sauren und dünnen Tropfen, von dem keiner weiß, warum er sich Wein nennen darf. Natürlich begegnet auch ihm das runzelige, bucklige Männlein. Und da der jüngste Bruder ein großes Herz hat – manche haben das mit naiv verwechselt –, gibt er mit Freude ab (was ihm bei diesem Mahl vielleicht auch nicht allzu schwer gefallen sein wird). Als sie alles aufgegessen haben, sagt das alte Männlein: „Geh' und hau' den Baum um, darunter wirst du eine Belohnung finden." So haut der junge Bursche den Baum um und findet darunter eine goldene Gans. Jetzt wird es spannend.

Denn der Knabe geht nicht nach Hause zurück – was soll er da auch? –, sondern zieht in die weite Welt hinaus. Im Gasthaus versucht die Wirtstochter, der Gans eine Feder zu stehlen und bleibt dafür an der Gans kleben (kleine Sünden bestraft der liebe Gott sofort). Sie ruft verzweifelt ihre Schwester zu Hilfe (der Junge muss vom Holzhacken ganz müde gewesen sein, denn er bemerkt gar nichts), doch die Schwester sieht nur die goldenen Federn, will auch eine – und bleibt kleben.

So zieht der junge Mann am nächsten Morgen mit den beiden Fräuleins an der Gans klebend über Land (kein Mensch kann uns sagen, ob er oder andere sich jemals darüber gewundert haben), und alle Menschen wollen nur eins: Der Gans eine Feder ausrupfen. Immer mehr bleiben kleben.

Gegen Abend kommt er in ein Königreich (jetzt wird es noch spannender), dessen schöne Prinzessin noch nie in ihrem Leben gelacht hat. Deshalb hat der König (wie Könige das im Märchen eben immer tun) demjenigen die Hand seiner Tochter und das halbe Königreich versprochen, der sein trauriges Prinzesschen zum Lachen bringt.

Und jetzt kommt der junge Bursche mit der Gans und all den Leuten, die an ihr kleben, in die Stadt – ja da lacht die Königstochter, der Knabe bekommt ihre Hand (und hoffentlich auch den Rest), das halbe Königreich und wird später sogar König.

Und die Moral von der G'schicht: Gieße niemals einen sauren Wein weg, denn du könntest König werden und so viel köstliche Beerenauslese trinken, dass dir ganz schwindlig wird.

25

KEINE SPIELCHEN MIT WEIN

FLASCHENDREHEN VERBOTEN... UND ANDERE VORURTEILE

Albert Einstein hat einmal geschrieben, dass es einfacher sei, ein Atom zu zerstören als ein Vorurteil. Recht hatte er, auch was die Vorurteile über Wein anbelangt.

Zahlreich sind sie, diese Vorurteile: Da ist zum Beispiel die legendäre Mär mit der Zimmertemperatur, bei der Rotwein serviert und getrunken werden soll. Sicherlich ist ein Rotwein immer dann richtig serviert, wenn er Zimmertemperatur hat – grundsätzlich ist an dieser Aussage nichts zu kritisieren. Doch man sollte im Hinterkopf haben, wann diese Aussage getroffen wurde: Im 17. Jahrhundert, als in Wien ein veritabler Kaiser des Heiligen Römischen Reiches Deutscher Nation residierte, der französische König in Versailles wegen qualmender Kamine unter Hustenreiz litt und in Leipzig ein gewisser Johann Sebastian Bach Kantaten komponierte ... Zu dieser Zeit hatten die Zimmer noch nicht die komfortablen Vorzüge, wie wir sie heute kennen. Im Winter ein Gemach hinter dicken Schlossmauern nahe an die 20 °C Grenze zu bringen, war nahezu unmöglich. Und wenn damals „chambriert" wurde, hieß das lediglich, dass der Wein bei Zimmertemperatur, so um kühle 18 °C, serviert wurde.

Gut gehalten hat sich auch das Märchen vom Flaschendrehen. Vorteilhaft sei es, Wein während seiner Lagerung kontinuierlich zu drehen. Falsch. Je mehr Erschütterungen ein Wein ausgesetzt ist, desto schneller altert er. Das Drehen der Flaschen ist nur bei einem einzigen Wein – und dort auch nur während der Produktion – von Nutzen: Champagner. Er – oder auch Sekt – müssen im Rüttelpult gedreht werden, damit sich die Hefe langsam in den Hals bewegt und dort entfernt werden kann. Für Wein gilt: Je ruhiger er liegt, desto besser für ihn und seine Entwicklung.

Wenn wir schon beim Champagner sind, so haben wir mit ihm auch ein ideales Beispiel dafür, dass guter Wein nicht immer teuer sein muss. Der Champagner des Discounters Aldi beispielsweise, Sieger mancher verdeckter Verkostung, hat dieses Vorurteil teilweise aufweichen können. Wichtig beim Wein ist, dass er schmeckt. Und das ist unabhängig vom Preis. Voraussetzung allerdings ist, dass der Wein sauber gemacht ist und mit Sorgfalt und Engagement hergestellt wurde.

Noch ein Vorurteil: Cuvée-Weine sind gepanschte Weine! Weit gefehlt. Das Mischen verschiedener Grundweine zu einem harmonischen Ganzen hat nichts mit Panschen zu tun. Wenn ein Winzer zum Beispiel in Bordeaux die Rebsorten Cabernet-Sauvignon, Merlot und Cabernet-Franc miteinander vermählt, wie es so schön heißt, dann ist das Ergebnis komplexer und harmonischer als es die einzelnen Komponenten sein könnten. Übrigens wird so auch Champagner hergestellt: Drei Rebsorten sind erlaubt – Pinot Noir, Pinot Meunier und Chardonnay. Pinot Noir hat die Kraft, Pinot Meunier die Frucht und Chardonnay die Finesse. Sogar in Deutschland, dem Land mit dem strengsten Weingesetz, kann es sich bei einem Wein auch dann um eine Cuvée handeln, wenn nur eine Rebsorte auf dem Etikett angegeben ist. Beispiel: Bernkasteler Doctor. Sein lang gezogener Steilhang hat unterschiedliche Parzellen, die jeweils Weine unterschiedlicher Prägung hervorbringen. Erst das Zusammenspiel der verschiedenen Charaktereigenschaften der Parzellen ergeben die Komplexität des Weines. Also: keine Angst vor Cuvées. Sie sind nicht gepanscht und verursachen kein Kopfweh (wenn sie in Maßen getrunken werden).

Für Kopfschmerzen ist – entgegen dem gängigen Vorurteil – auch nicht der im Wein enthaltene Schwefel verantwortlich. Denn heute sind Weine EU-weit deutlich schwächer geschwefelt als noch vor einem halben Jahrhundert. Mitschuldig an Kopfschmerzen nach dem Weingenuss ist oft mangelnde Frischluft während eines munteren Weinabends. Gut durchlüftete Räume können da Abhilfe schaffen, „rauchfreie Zonen" sind zwar nicht jedermanns Sache, helfen aber garantiert, um Kopfschmerzen wirksam vorzubeugen. Tipp: Trinken Sie mindestens so viel Wasser wie Wein an einem Abend. Dadurch kann Mineralienmangel vermieden werden. Optimal, wenn das Wasser auch noch viel Magnesium enthält, das der Körper auf Grund der schnellen Entwässerung durch den Alkohol leicht verliert.

Manche Menschen zeigen allergische Reaktionen, auch in Bezug auf Wein. Ursache ist häufig Histamin, ein Nebenprodukt der Gärung. Doch je sauberer und hygienischer ein Gärprozess stattfindet, desto geringer ist in der Regel der Histamingehalt. Übrigens: Der Histamingehalt ist in einem Roquefort um das Vielfache höher als in einer guten Flasche Wein. Vielleicht hängen die Kopfschmerzen ja mit dem Käse zusammen?

THOMAS JEFFERSON

EIN PRÄSIDENT SEINER NATION WEIT VORAUS

„Guter Wein ist eine tägliche Notwendigkeit für mich." Dies sagte kein Geringerer als der dritte Präsident der Vereinigten Staaten von Amerika. Zugleich kann man diese Feststellung auch als sein Lebensmotto verstehen, denn seine Liebe zum Wein war es, die Thomas Jefferson zu einem Pionier amerikanischen Weinbaus machte.

Doch von Anfang an. Frankreich, kurz vor der Revolution: Seit 1784 war Thomas Jefferson Botschafter seines jungen Landes am Hof von Versailles. Begeistert vom Wein und der Weinkultur seines Gastlandes unternahm er umfangreiche Reisen zu den verschiedensten Weinbergen Frankreichs. Reisen nach Deutschland und Italien folgten.

Überall, wo er hinkam, recherchierte er gründlich, stellte unzählige Fragen. Sein Ziel war es, das Geheimnis des Weines zu ergründen. Nicht ganz ohne Hintergedanken, denn für ihn sollten die Vereinigten Staaten ein Weinland par excellence werden.

Über seine Besuche in den Weinbergen machte er sich schriftliche Notizen und schuf damit – ohne es zu beabsichtigen – eine noch heute einzigartige Enzyklopädie rund um das Thema Wein vor der französischen Revolution. Er lobte den Wein von Château d'Yquem ebenso wie jenen von Château Lafite, den er sehr schätzte. Er war Gast auf Château Margaux und Château Latour und er besuchte die Mönche von Château Carbonnieux. Burgund fesselte ihn ebenso wie die Rhône. Doch konnte dies alles sein? Seine Neugier auf Wein war geweckt, sein Wissen noch lange nicht gestillt und so reiste er noch durch Deutschland und Italien, dem Geheimnis des Weines auf der Spur.

Den Erbacher Marcobrunn beschreibt er mit ebenso viel Begeisterung wie die großen Weine der Lage Bernkasteler Doctor, damals noch im Besitz der Kirche. Bis Montepulciano reiste er, um Weine zu entdecken.

Zurück in den Staaten arbeitete er auf „Monticello" in Virginia und baute Traubensorten aus aller Herren Länder an. Durch Rückschläge, die in schönster Regelmäßigkeit erfolgten, ließ er sich nicht entmutigen. Dann servierte er halt Weine aus dem Ausland, vom Rebberg des Chambertin, die Châteauweine von Margaux, er kredenzte Hermitage ebenso wie Château d'Yquem und Tokajer. Seine Zeit der Präsidentschaft im Weißen Haus (1801 – 1809) war dann wahrscheinlich die – was die Weinkultur und Entwicklung des Weines in den Staaten anbelangt – interessanteste überhaupt.

Die Weine von Bellet, aus Montepulciano und den berühmten Muscat de Rivesaltes machte er ebenfalls in den Staaten populär. Parallel bemühte er sich, Forschungsprojekte zu unterstützen, die den Weinbau in Amerika vorantreiben sollten. Und die Unterstützung eines innovativen Projektes, das der Schweizer J. J. Dufour am Ohio in Indiana leitete – er bestockte Land mit Reben –, führte schließlich zum ersten kommerziell erfolgreichen Wein der USA.

Jeffersons Wein-Optimismus war ungebrochen, manchmal jedoch etwas zu überschwänglich. Den süßen Scuppernong wollte er gar auf allen Tafeln Europas platziert sehen, und die amerikanische Alexander-Traube setzte er mit dem Chambertin gleich.

Wie auch immer: An seiner Vision eines weinfröhlichen Amerikas hielt er sein Leben lang fest. Entsprechend war der Zoll auf Wein gering, schließlich sollte die ganze junge Nation ein Volk der Weinliebhaber werden. Sein Motto hieß: „Keine Nation ist trunksüchtig, wo der Wein billig ist", und so setzte er sich konsequent dafür ein, dass der Rebensaft das Nationalgetränk werden sollte.

Durchgesetzt hat er sich leider nicht, die Prohibition ist nur eines der vielen Beispiele, wie Wein als Genussmittel missverstanden wurde. Doch Jefferson wäre heute sicherlich stolz darauf, welche wichtige Rolle der amerikanische Weinbau mittlerweile in der schillernden Weinwelt übernommen hat.

27

TOKAJER

FÜR MÄNNERHÄNDE VIEL ZU SCHADE

Tokajer, berühmtester und bedeutendster Wein Ungarns, war der unumstrittene Liebling der gekrönten Häupter. Schon Sonnenkönig Ludwig XIV. wird mit dem Spruch über Tokajer zitiert: „Der König der Weine – der Wein der Könige." Während der habsburgischen Doppelmonarchie Österreich-Ungarn gelang Tokajer der internationale Durchbruch, im 18. Jahrhundert war er dann endgültig als edelster Wein der Welt anerkannt.

Doch bis dahin war es ein langer Weg, und die Zufälle der Geschichte haben dem Tokajer seine legendäre Berühmtheit verschafft. Im Nordosten Ungarns, in einem Gebirge, das von Vulkanen geschaffen wurde, haben sie ihren Ursprung. Furmint ist die wichtigste Rebsorte, danach kommen Harslevelü und Muskat.

In der Mitte des 17. Jahrhunderts wurde die Edelfäule, auch Botrytis genannt, eher durch militärischen Zufall entdeckt. Auf dem ungarischen Weingut von Zssuzsanna Lorántfly hat der Priester und gleichzeitig auch Kellermeister des Weinguts, Abt Maté Szepsi, die bevorstehende Weinlese kurzerhand verschoben, weil er einen Angriff der verfeindeten Türken fürchtete. Dafür erntete er verfaulte Trauben und wurde doch noch belohnt: Ihm gelang ein Spitzenwein.

1686 wurden die Türken aus Ungarn vertrieben und die Habsburger Kaiser schwangen wieder ihr Zepter. In diese Zeit fällt die erste Klassifikation der Weinberge in Tokaj, die im Nordosten Ungarns, in einem von Vulkanen geschaffenen Gebirge, ihren Ursprung haben. Furmint ist die wichtigste Rebsorte, danach kommen Harslevelü und Muskat.

Doch mit der Habsburger Regentschaft waren nicht alle zufrieden. Vor allen Dingen Fürst Ferenc Rákóczi, der intrigierte und einen Unabhängigkeitskampf anzettelte. Die Revolution sollte die Habsburger vom Thron stürzen. Um dazu einen starken und einflussreichen Partner zu gewinnen, schickte er dem lebenslustigen Sonnenkönig in Frankreich nicht nur Briefe und Dokumente mit seinen Plänen, sondern auch den besten Tropfen, den er in seinem Keller hatte: Tokajer. Die Revolution schlug 1711 fehl, doch der Wein hatte über die Grenzen hinweg neue Fans gewonnen und avancierte zum Lieblingsgetränk des Adels. Wie schon gesagt: „Der König der Weine – der Wein der Könige."

Schon lange vor dem Sonnenkönig wussten die Ungarn ihren Tokajer zu schätzen und sprachen dem köstlichen Tropfen munter zu. Dabei sagten sie ihm sogar aphrodisische Eigenschaften nach. Und noch eine einzigartige Besonderheit soll er besitzen: Tokajer soll mitverantwortlich für das Geschlecht des Babys sein. Belegt werden soll diese leicht gewagte Aussage mit der Bevölkerungsstatistik der Region Tokaji: Denn dort gibt es – entgegen dem Weltdurchschnitt – mehr Männer als Frauen. Dies soll – so behaupten treue Tokajer-Trinker – am 3-buttigen Tokajer selbst liegen. Trinkt man ihn in großen Mengen, so soll er fast eine Garantie dafür sein, dass das Baby ein Junge wird. Na, hoffentlich ist es auch gesund ...

Doch nicht nur für die Familienplanung musste Tokajer herhalten. Als die Rote Armee Budapest eroberte, fand sie in den Kellern des kaiserlichen Schlosses eine große Menge teilweise 300 Jahre alter Weine vor. Natürlich haben sich die Soldaten belohnt und die Fässer und Flaschen ausgetrunken. Aber dabei müssen sie wohl den Überblick verloren haben, denn noch heute erzählen sich die Budapester mit einem Augenzwinkern, dass die Rote Armee nicht nur den Tokajer schluckte, sondern auch Kölnisch Wasser (vornehmer: Eau de Cologne).

Tokajer ist noch immer legendär. Die großartigen Weine werden in einem strengen Ausleseverfahren geerntet: Beere für Beere wird von fleißigen Frauenhänden (nur Frauenhände können dies, sagt man in Tokaj) in bis zu zehn Durchgängen einzeln gepflückt. Diese edelfaulen, eingetrockneten Beeren sind die Grundlage für die Aszu, die Auslese-Weine. Sie werden in Butten (25 kg) gelesen, unter geringem Druck zerquetscht und mit normal geerntetem Most und angegorenem Jungwein in einem ortsüblichen Gönzer Fass mit 136 l Inhalt vergoren. Der Wein hat anschließend mindestens 150 g Zucker pro Liter. Legendär sind seine Essenzen und Konzentrate an Reife sowie der Nektar, nur aus edelfaulen Beeren hergestellt. Zum großen Glück gibt es Tokajer heute nicht nur für die Könige, sondern für alle, die den berühmten Tropfen aus Ungarn schätzen.

28

HERZOG RICHELIEU

ER RAUBTE DEM MESSER DIE SPITZE

Er galt als witzig, geistreich und humorvoll, als charmant und gewandt. Louis François Armand de Vignerot de Plessis, Herzog de Richelieu, Botschafter und erfolgreicher Truppenführer, werden gerne Verstrickungen in zahlreiche galante Abenteuer nachgesagt. Er, der in regem Gedankenaustausch mit Voltaire stand, gilt heute als Prototyp des aristokratischen „Libertin" des 18. Jahrhunderts. Und er soll es auch gewesen sein, der dem Messer seine Spitze nahm.

Gemeint ist hier das Tafelbesteck, das seit der römischen Kaiserzeit zur verfeinerten Tischkultur zählt. Der Herzog fürchtete sich weniger vor einem Attentat durch Erdolchen als vielmehr vor seinen Gästen, die mit ihren spitzen Messern immer in ihren Zähnen herumstocherten. Dem ausgesprochenen Ästheten Richelieu war dies natürlich ein Dorn im Auge, und er beschloss, Abhilfe zu schaffen. Doch die Zahnstocher, die er schmieden ließ, blieben unbenutzt, seine Gäste bevorzugten nach wie vor spitze Messer. Da ließ der pfiffige Herzog die Messer kurzerhand entschärfen. Er wies seinen Schmied an, alle Spitzen der Messer rund zu schleifen und zwang so seine Gäste auf raffinierte Art, die Zahnstocher zu benutzen.

So ist es bis heute: Die Messer sind zwar scharf, aber rund, wodurch auch die Zahnstocher ihre bis in unsere Zeit gültige Bestimmung erhalten haben.

29

RESTAURANT-GESCHICHTE

VOM GEFLÜGELGERICHT ZUM BISTRO

Wer vor dem Ende des 18. Jahrhunderts als Reisender nach Paris kam und keine Freunde hatte, war ein armer Tropf. Die einzige Möglichkeit, eine halbwegs gescheite Mahlzeit zu ergattern, waren damals die „Table d'hôte". Schon Louis Sébastien Mercier berichtete darüber, wie unglaublich mühsam es für einen Ausländer war, Nahrung in Paris zu finden. Die „Table d'hôte" wurden nicht selten in einem schlecht durchlüfteten Raum eingenommen, besser: in einem stinkenden. Nur wenige Tavernen zeichneten sich durch die Qualität ihrer Gerichte aus, die sie dann oft im Namen trugen. Vom Á-la-carte-Service war man damals meilenweit entfernt.

Der Paris-Tourist jener Tage musste sich also mit Menschen, die er nicht kannte, regelrecht um die „Brocken", die auf dem Tisch lagen, schlagen. Die Kulinaria à la francaise scheint damals nicht gerade ein Vergnügen gewesen zu sein. Und auch das Wort „Restaurant" wurde nicht dazu benutzt, einen Ort zu beschreiben, an dem man seinen Hunger stillen und Geist und Körper stärken, das heißt restaurieren, konnte.

Im Mittelalter meinte das Wort ein Gericht aus Fleisch oder Geflügel, das mit Graupen, Rosenblättern, Zimt, Koriander und Rosinen gekocht wurde, im 17. Jahrhundert wurde mit „Restaurant" ein Mittel zur Gesundheit beschrieben, während der Mensch des 18. Jahrhunderts unter „Restaurant" eine kräftigende Fleischbrühe auf Basis von Kapaun, Rebhuhn, Kalb oder Rind verstand, die im Wasserbad erhitzt und entfettet serviert wurde.

Die Änderung der Essgewohnheiten, die sich in der Mitte des 18. Jahrhunderts abzeichneten, machten einem gewissen Maître Boulanger klar, dass er für eine neue Klientel Gerichte auch am Mittag anbieten musste. So wurde er zum ersten Restaurateur. Das Schild über seinem Geschäft im Jahr 1765 zeigte an: „Boulanger débite des restaurants divins", was frei übersetzt so viel heißen will, wie „Boulanger bietet göttliches Gericht". Das Gericht scheint wohl so göttlich wie einfach gewesen zu sein: Drei Rebhühner, zwei Kapaune, ein bisschen was vom Schaf und noch was vom Kalb wurden einfach zusammen im Wasserbad einen guten halben Tag lang gegart. Und fertig war die Mahlzeit, aus dem die Mittagstisch-Träume sind. Der Schriftsteller Diderot, der ebenso der Küche, wie auch dem Charme der Hausherrin zugetan war, berichtete über einen Besuch beim „Restaurateur" und beschrieb die Qualität als sehr gut, aber auch als sehr teuer. Boulanger erweiterte sein Angebot und servierte bald auch Cremes, Pasteten, Eintöpfe, Eierspeisen und vieles mehr. Eine Lücke in der damaligen Gesetzgebung erlaubte ihm diese Geschäftsausweitung – zum Entsetzen der damals noch reichlich vorhandenen Traiteurs- und Tavernenbesitzer. So wurden nach seinem Vorbild immer mehr Restaurants eröffnet. Das erste Restaurant, so wie wir es heute kennen, öffnete 1782 als „Grande Taverne de Londres" seine Türen. Nicht die französische, sondern die englische Hauptstadt London war damals Vorbild, in den zahlreichen Tavernen der Themsemetropole aß man besser als an jeder „Table d'hôte" in Paris.

Ihren durchschlagenden Erfolg aber feierten die Restaurants dann während der französischen Revolution. Da man Traditionen und Tabus brach, kam es nun darauf auch nicht mehr an. Das „Déjeuner", zuvor als feste Hauptmahlzeit in der Abenddämmerung Pflicht, wurde nun zum Begriff dafür, dann im Restaurant zu essen, wann und wie man es mochte. Vor allen Dingen auch in der jeweils bevorzugten Gesellschaft und dazu an einem eigenen Tisch. So formten die Restaurants den Geschmack einer ganzen bürgerlichen Generation in der Zeit nach der Revolution: Der Bürger wurde zum Lebemann, Genießer und Gourmet.

Natürlich will der genussorientierte Bürger zum Essen auch einen guten Tropfen trinken, und so führten die Restaurants zu Beginn des 19. Jahrhunderts Weinkarten ein. Der Sommelier hatte zum ersten Mal seinen großen Auftritt, ist er doch nicht nur Weinkellner, sondern auch für den Einkauf und die Pflege des Weines verantwortlich. Ausgeschenkt wurden damals noch viele Weine direkt aus dem Fass, Arbeit gab es also genug.

Die Zeiten wurden hektischer. Paris war eine brodelnde Stadt, und im Lauf des 19. Jahrhunderts kamen immer mehr Ausländer in die Metropole an der Seine. Und auch sie prägten die Gastronomie von Frankreichs Hauptstadt. Einen großen Einfluss hatten dabei die Russen. Sie bevölkerten nicht nur die berühmten Restaurants wie das Café Riche, das Ledoyen oder das Maxim. Sie waren auch dafür berühmt, dass der Service schnell gehen musste. Das Wort „Bistro" hat nicht umsonst seinen Ursprung im Russischen. Die Verballhornung des russischen Befehls für „schnell" gab bald einer eigenen Art von Restaurant seinen Namen: dem Bistro. Das Schnellrestaurant des 19. Jahrhunderts war geboren und ist es bis heute geblieben.

30

WEIN VERLÄNGERT LEBEN

ODER WARUM MÖNCHE DEN NONNEN EIN LEBEN VORAUS HABEN

Endlich haben wir es schwarz auf weiß: Nonnen sind im Mittelalter um einige, wenn nicht gar um ihre besten Jahre betrogen worden. Wissenschaftler haben jüngst das herausgefunden, was uns aufgeschlossene Menschen im 21. Jahrhundert schon immer brennend interessiert hat: Warum wurden Nonnen in der Regel nur so alt wie die Durchschnittsbevölkerung, während ihre männlichen Kollegen, die Mönche, sehr viel länger lebten?

Heute wissen wir: Es lag am Wein. Nicht an irgendeinem besonderen, nicht an rotem oder weißem, sondern allgemein an der Tatsache, dass Mönche Wein tranken, der den Nonnen nicht im selben Maße zugänglich war.

Die Männer, klar im Vorteil, tranken zu den Mahlzeiten regelmäßig die edlen Tropfen und nahmen damit neben Alkohol vor allen Dingen auch ein antiseptisches Getränk zu sich. Zum Nachteil der Frauen wurde Wein damals aber auch als Aphrodisiakum eingestuft – und damit war es den Nonnen verboten, diesen Rebensaft in gleicher Menge wie ihre männlichen Kollegen zu trinken. Null Spaß für Nonnen.

Und so mussten die weiblichen Diener Gottes Wasser trinken, was vor Hunderten von Jahren ziemlich verdreckt war und jede Menge Bakterien und infektiöser Keime enthielt. Oder Bier. Doch dies hatte nicht immer die antiseptische Wirkung wie Wein (von den aphrodisischen Nebenwirkungen wollen wir hier gar nicht erst reden). Denn erst Mitte des 16. Jahrhunderts wurde dem Bier konsequent Hopfen angesetzt und machte es damit auch zu einem antiseptischen Getränk.

Aus diesem Grund erkrankten die Nonnen an den gleichen – damals noch nicht zu behandelnden – schweren Erkrankungen des Magen-Darm-Traktes und wurden daher nur so alt wie die Durchschnittsbevölkerung auch.

Zum Glück gibt es heute Wein für alle: für Nonnen und Mönche, für Frauen und Männer!

31

WEISSWEIN

DER KAISERIN ZULIEBE

Karl der Große gilt als eine der größten Herrscherpersönlichkeiten des Mittelalters. Heute, zwei Jahrtausende später, würde man ihn innovativ nennen. Karl der Große, Urvater Europas, König der Franken, römischer Kaiser, „Erfinder" der Marken, hatte vier Ehefrauen, noch mehr Maitressen und aus sechs Friedelehen noch sechs Kinder und wurde trotzdem heilig gesprochen: Karl der Große. Des Schreibens war er unkundig, dafür umso besser im Umgang mit dem Schwert. Er, der damals die größte Macht der westlichen Welt auf seine Schultern gepackt hatte, kümmerte sich um die Landwirtschaft, erließ Gesetzte zum Obstbau, zur Viehzucht und sogar zum Weinbau. Seine Staatsgüter hatten Vorbildfunktion und die Ergebnisse wanderten in die Gesetzessammlung „de Villis". Und trotz aller militärischen Erfolge gab es scheinbar doch ein Schlachtfeld, auf dem der große Kaiser kapitulieren musste. Noch dazu eines, das mit Wein zu tun hatte:

Karl der Große soll Weine des Corton geliebt haben. Corton ist ein großer, kalkhaltiger Hügel nördlich der Stadt Beaune in Burgund. Die Weine müssen ihm so gut geschmeckt haben, dass er davon immer gleich in großen Mengen verkostete – oder sollte man besser sagen zechte?

Doch der Wein war rot, und deshalb bekam er immer wieder Streit mit seiner besseren Hälfte, die die rostbraun schimmernden Flecken auf des Kaisers langem wallenden Bart nicht leiden mochte. Der Legende zufolge soll das Gezeter groß gewesen sein. Eine Lösung musste her.

Ziemlich einfach: Der Kaiser ließ auf einer Parzelle des berühmten Corton weiße Rebsorten anpflanzen. Und siehe: Der kalkige Boden brachte einen Wein hervor, der noch besser gewesen sein soll als die roten Tropfen. Problem gelöst, die (jeweilige) Gattin zufrieden.

Den Winzern der Gegend galt diese Entdeckung der Weißweineignung so viel, dass sie fortan den Weinberg nach dem großen Karl benannten: Corton Charlemagne. Heute ist dies einer der wenigen Grand Crus der Côte d'Or, der mit der weißen Rebsorte Chardonnay bepflanzt ist, womit auch wieder einmal mehr der Einfluss der Frauen auf die Entwicklung der Weinwelt nicht zu unterschätzen ist.

32

VOLLENDETER GENUSS

RAUCHENDES GOLD UND EDLE TROPFEN

Gold wollte er suchen, Tabak hat er gefunden: Columbus. Als er 1492 auf Kuba landete, glaubte er in Japan zu sein. Wen wundert es da, dass seine Kundschafter Geschichten erzählten von eigenartigen Menschen, die halb nackt herumliefen und sich brennende Stäbe in den Mund steckten. Pfui Teufel. So blieb der angenehm duftende Rauch des Tabaks den „Entdeckern“ erst einmal verborgen und damit auch die Bedeutung der „rauchenden“ Goldader.

Erst langsam und mit Schwierigkeiten begann der Tabak seinen Siegeszug um die Welt: Schließlich waren den Menschen im ausgehenden Mittelalter „Rauchende Münder“ doch sehr suspekt, zu groß war die Nähe zum Höllenschlund. Und die ersten Raucher kamen den lodernden Scheiterhaufen der Inquisition verdächtig nah. Heute ist das Vergangenheit, Tabak ist längst fester Bestandteil des täglichen Lebens in allen Kulturen und Gesellschaften. Und Tabak in seiner edelsten Form, der Zigarre, ist krönender Abschluss gehobener Tischkultur. Egal, ob eine kleine „Panatella“ nach dem Lunch oder eine „Doppelcorona“ abends gemütlich am Kamin – die Zigarre bietet Genuss pur, auch ohne Kamin!

Dabei hat der Tabak mit Wein viele Parallelen, da wundert es nicht, dass sich auch der Genuss edler Zigarren und hochwertiger Weine nicht zwangsläufig ausschließen. Noch heute kommen die gefragtesten Tabake für Zigarren aus Kuba, Heimat der berühmten „Havanna“. Hier gibt es die besten Anbaugebiete für feinsten Tabak wie beispielsweise die Region von Partidos und von Vuelta Abajo in der Nähe der Stadt Pinar del Rio. Dort werden auf rötlichen Böden die kostbaren Blätter gezogen. Wie beim Wein spielen auch beim Tabak Klima und Boden eine große Rolle und prägen unterschiedliche Charaktere.

Und auch die besten Weine dieser Welt kommen aus Anbaugebieten, die sich auf Grund ihres Terroirs – des Zusammenspiels von Boden, Lage, Klima, Rebsorte aber auch durch die Bearbeitung durch den Menschen – für die Produktion hervorragender Weine anbieten.

Geerntet werden die Tabakblätter in mehreren Phasen. Danach werden sie im Casa del Tabaco getrocknet und zum ersten Mal fermentiert, anschließend entrippt, klassifiziert und wieder fermentiert. Der so gewonnene Tabak hat viel Aroma und ist bereit, zur Zigarre gerollt zu werden: Dazu formt der „Torcedor“ (der Zigarrenroller) aus verschiedenen Tabakblättern erst einmal eine so genannte Puppe, die in Form gepresst wird. Erst dann wickelt er das Um- und Deckblatt um die Zigarre, die jetzt noch etwas Zeit braucht, um zu reifen.

Wieder sind Parallelen zum Wein deutlich, denn auch hochwertige Weine werden in mehreren Durchgängen geerntet. Besonders bei den edelsüßen Weinen können bis zu sieben (!) durch einen Weinberg notwendig sein, bis alle edelfaulen Beeren einzeln gelesen sind. Und noch eine Gemeinsamkeit: Die Fermentation oder Vergärung. Wie auch Tabak ist Wein ein Ergebnis der Gärung. „Reife“ heißt auch ein weiteres Zauberwort für guten Wein, der teilweise im Fass oder auch auf der Flasche reift, um ein optimales Aroma zu erhalten. Dabei spielt der Ausbau des Weines eine sehr wichtige Rolle, genauso wie die abschließende Reife im Weinkeller, die erst die aromatische Komplexität bringt.

Übrigens schmecken gereifte Zigarren ebenfalls besser als frisch gerollte. Auch hier bringt der Reifeprozess eine aromatische Tiefe. Zusätzlich beeinflussen die vielfältigen Formate ihr Aroma und ihren Geschmack: „Panatellas“ sind kleinformatige Zigarren, sehr schlank, mit angenehmem Aroma für den unkomplizierten Genuss. „Corona“ ist der Klassiker: Sie verbindet komplexe Aromen mit feinwürzigem Geschmack. Eine knappe Stunde sollte man für den Genuss dieses Formates auf jeden Fall einplanen. Eine besondere Variante sind die „großen Coronas“, auch „Double Corona" genannt. Sehr komplex und kraftvoll fordern sie den Raucher für zwei Stunden. Eine Abwandlung sind die „Churchills“ mit ähnlichem Charakter. Die „Robustos“ – ähnlich lang wie „Coronas“, aber mit größerem Durchmesser – bieten einen etwas milderen, trotzdem kraftvoll aromatischen Rauchgenuss.

Unter der Rubrik „Figurados“ sind Sonderformate vereint, wie Torpedo-, Zeppelin- oder Pyramidenform. Diese Spezialformen sollten Sie sich einmal gönnen, auch wenn sie nur schwer zu bekommen sind. Wem der „Blaue Dunst“ alleine zu trocken ist, kann auf klassische Begleiter zurückgreifen: Cognac, Armagnac, Rum und Whisky bieten sich an. Doch wie wäre es auch einmal mit einem Glas Wein? Die Kombination von Zigarren mit Süßweinen ist perfekt. Eine elegant-fruchtige Riesling Auslese ist ideal zu einer leichteren „Panatella“ oder „Corona“. Edelsüße Weine wie Beeren-auslesen passen ausgezeichnet zu den anspruchsvollen „Robustos“. Und die großen Formate wie „Churchill“, „Double Corona“ oder auch große „Figurados“ verlangen fast flehentlich nach einem opulenten Portwein, einem LBV oder einem Vintage beispielsweise. Auch süßer Sherry, besonders ein PX, harmoniert ausgezeichnet.

Oder trinken Sie lieber trocken? Die kleinen, leichteren Zigarren harmonieren prima zu trockenen Weißweinen, die kraftvoll und nicht zu säurebetont sind, wie Chardonnay oder Grauburgunder. Die kräftigen Zigarren vertragen sich gut mit Rotwein, doch Vorsicht: Der Gerbstoff des Weines wird durch die Zigarre verstärkt! Deshalb muss der Rotwein viel Reife mitbringen. Beispielsweise ein Bordeaux, ein Klassiker aus der Toskana oder ein Shiraz aus der neuen Welt sind perfekt. Es gibt viele Möglichkeiten, probieren Sie sie aus, kombinieren Sie Weine und Zigarren. Willkommen in einer ganz neuen Welt des Genusses. Und ich rauche gern eine Epicure No. 2 zu einem Glas Champagne Dom Ruinart 1990. Eine traumhafte Kombination.

33

WENN'S MIT DEM GLAS KLAPPT,

DANN KLAPPT'S AUCH MIT DEM WEIN

Wie hätten Sie es gerne? Leicht und grazil oder schwer und dick? Mit oder ohne Schnörkel? Schmal, breit, groß, eckig ... Die Fantasie der Glasdesigner scheint keine Grenzen zu kennen. Schon beim Blick in die Schaufenster fällt die ungewöhnliche Vielfalt an Formen und Größen auf: Schalen, Tulpen, Sektgläser, die an umgestülpte Eistütchen erinnern, oder jene überdimensionalen Rotweinpokale, die selbst dann noch leer aussehen, wenn bereits eine Flasche Wein eingefüllt ist. Doch welches Glas wählen? Oft keine leichte Entscheidung bei der Angebotsfülle. Doch ich behaupte: Designfirlefanz und wuchtige Ränder verderben den Genuss – für mich ist das glasklar.

Und sicherlich haben Sie sich auch schon einmal in einem gepflegten Restaurant auf ein schönes Glas Wein gefreut. Und waren enttäuscht. Nein, nicht vom Wein, der war okay, sondern vom Trinkgefäß (die Bezeichnung Glas verdienen leider nicht alle). Da werden häufig Erinnerungen wach an ausrangierte Senfgläser und schwere Silberbecher – der Genuss ist dahin. Dabei heißt es schon seit Jahren in der Werbung: „Wenn's mit dem Glas klappt, dann klappt's auch mit dem Nachbarn." Ja und was für diesen gilt, gilt für Wein schon lange. Denn erst das richtige Glas bringt den Wein in Höchstform. Und die Form sollte in erster Linie ihre Funktion erfüllen: Dem Wein optimale Bedingungen bieten, damit sich seine köstlichen Aromen voll entfalten können. Deshalb (auch wenn es schwer fällt): Finger weg von achteckigen Gläsern. Da fällt es schwer, den ersten Schluck überhaupt in den Mund zu bekommen und nicht auf Seidenbluse oder Krawatte zu kleckern. Ich wundere mich dann schon, dass der Wein nicht sauer wird. Also: Wenn's mit dem Glas nicht klappt, dann klappt's auch nicht mit dem Nachbarn und erst recht nicht mit dem Wein.

Das muss nicht sein, schließlich haben erfahrene Hersteller nützliche Formen entwickelt: Das geschwungene Glas für junge Weißweine lässt die Primäraromen nicht aufdringlich wirken und bremst gleichzeitig den Eindruck übertonter Säure. Das bauchige, sich verjüngende große Rotweinglas funktioniert wie ein Duftkamin, der nur die angenehmen Aromen an die Nase lässt, den Alkohol aber zurückhält. Und das Champagnerglas mit seinem lang gezogenen, schlanken Oval ermöglicht die volle Ausprägung des Aromas, ohne dass dabei die Kohlensäure unangenehm in der Nase kitzelt.

Es ist also gar nicht schwierig, mit dem richtigen Glas mehr Spaß mit und an Wein (und vielleicht auch mit dem Nachbarn?) zu haben. Tipp: Probieren Sie selbst einen Wein mit verschiedenen Gläsern und Sie werden deutliche Unterschiede riechen und schmecken – und wollen dann nur noch aus solchen Gläsern trinken, die Ihren Wein wirklich in Höchstform bringen.

34

HEILSAM

DIE ABENTEUERLICHE GESCHICHTE VON COGNAC, ARMAGNAC UND CO.

Für viele Menschen, vor allen Dingen für unsere Vorfahren in der Antike und im Mittelalter, war Wein mangels Alternativen schon immer das Lebenselixier schlechthin. So ist es nicht weiter verwunderlich, dass viele Gleichnisse auch in der Bibel die Rebe oder den Wein als Symbol benutzen. Schon immer war es Ziel des Menschen, die kraftvolle, heilende Wirkung des Weines zu verstärken und medizinisch zu nutzen. Im Jahr 1100 n. Chr. war es dann endlich soweit: In der Schule von Salerno wurde das erste Destillat der westlichen Zivilisation auf Weinbasis hergestellt.

Dieser Weinbrand, ausschließlich gewonnen, um die positiven heilenden Wirkungen des Weines zu nutzen, wurde schnell Grundlage gleich einer ganzen Welle von ebenso nützlichen wie schmackhaften Errungenschaften, die wir zum Teil heute noch genießen können. Entwickelt von Alchimisten und Mönchen, die damals Hüter der Forschung und des Wissens gewesen sind.

Das älteste, heute noch existierende Destillat wurde urkundlich erstmals im Jahre 1461 erwähnt, die Mönche von Saint-Sever verkauften auf dem örtlichen Markt ein so genanntes „aygue ardente" – so ist es verbrieft. Doch dieses Wasser muss es schon viel eher gegeben haben, denn bereits Anfang des 13. Jahrhunderts wurde das „aygue ardente" beschrieben, 1411 die Existenz des ersten Brenners in Toulouse erwähnt, und 1441 waren schon 31 Arten bekannt, wie Weinbrand als Medizin verwendet werden konnte.

Der Erfolg des gebrannten Weines ließ nicht lange auf sich warten, seine Vorteile wurden schnell erkannt. Gebrannter Wein konnte einfach und unkompliziert transportiert werden, durch ihn konnte fauliges Trinkwasser während einer langen Seereise wieder genießbar gemacht werden, und in Weinbrand eingelegte Pflaumen galten gar als Vitamin-C-Reserve der Seefahrer zu Zeiten der Renaissance. Die Nachfrage stieg schnell, gebrannter Wein wurde fast zu einer Art „Instant-Wine", der durch Zugabe einer beliebigen Menge Wasser wieder auf normale Trinkstärke herabgesetzt werden konnte. Aus diesem Grund nannten ihn die Holländer später auch „Wynbrand". Die Produktion nahm rapide zu, nicht nur in der Gegend von Armagnac, auch weiter nördlich, in der Charente, begannen clevere Menschen mit der Destillation von Wein. Das Ergebnis: Das wasserklare Destillat schmeckte zudem ausnehmend gut.

In der ersten Hälfte des 16. Jahrhunderts führte Überproduktion schließlich zur Erfindung des Cognac. Ein gewisser Chevalier de la Croix Marron hatte im heutigen Gebiet von Cognac fleißig destilliert, konnte jedoch die Menge nicht absetzen. Wahrscheinlich war gerade mal wieder irgendwo Krieg, und so blieben die destillierten Weine im Keller. Das Produkt im Fass wurde immer unansehnlicher, nahm eine bräunlich rote Farbe an, und als dann irgendwann die Kunden wieder den Weg zum Chevalier fanden, um von seinen Destillaten zu kosten, waren sie ob der dunklen Brühe unangenehm überrascht. Was sich jedoch als Fiasko ankündigte, wurde ein Erfolg. Die braune Flüssigkeit schmeckte alles andere als faulig, sondern wies traumhafte Aromen auf, war komplex und machte den Kunden letztendlich mehr Spaß, als das bis dahin bekannte wasserklare Destillat.

Schnell wurde die Idee, ein Destillat im Fass reifen zu lassen, immer populärer. Gebrannt wurde nicht mehr nur in den berühmten Anbauregionen Frankreichs, sondern in ganz Europa. Gleichzeitig fand auch die Sitte, Weine im Fass auszubauen, um so mehr an Aromen zu gewinnen, immer mehr Nachahmer. So entwickelten sich aus dem „gebrannten Wein" auch der spanische oder italienische Brandy und auch der deutsche Weinbrand. Ein Name, der übrigens von einem gewissen Herrn Asbach Anfang des 20. Jahrhunderts aus dem holländischen übernommen und als Überbegriff für seinen destillierten Wein verwendet wurde. Doch das ist eine andere Geschichte.

35

KULTWEIN OPUS ONE

DIE GEBURT IM SCHLAFZIMMER

Normalerweise haben so genannte Kultweine eine lange Tradition, eine besondere Geschichte und einzigartige Merkmale. Jeder Winzer ist stolz darauf. Doch dann gibt es auch einen Kultwein von Weltruf, dem eine lange Tradition und eine eigene Geschichte fehlen: Opus One. Er wurde Ende der 70er Jahre ziemlich unspektakulär im Schlafzimmer geboren. Und doch kam dieser Akt einer Revolution gleich.

Baron Philippe de Rothschild vom weltberühmten Château Mouton-Rothschild und Robert Mondavi, Gründer der Robert Mondavi Winery im Napa Valley, hatten sich kennen und schätzen gelernt und gemeinsam einen Traum geträumt: Die Gründung eines Weinprojektes im Napa Valley.

In seinen Memoiren beschreibt Robert Mondavi sehr eindrucksvoll, wie dieser Traum nach anfänglichen Schwierigkeiten doch noch realisiert werden konnte: 1978 war es, als Robert Mondavi eine Einladung von Baron Philippe erhielt, ihn auf seinem Château Mouton-Rothschild zu besuchen, um Grundzüge des ehrgeizigen Projektes zu besprechen. Robert Mondavi machte sich in Begleitung seiner Tochter Marcy auf den Weg nach Frankreich.

Am ersten Tag wurden beide vom Baron persönlich durch die gepflegten Weinberge, seinen beeindruckenden Weinkeller, den berühmten Grand Chai, und das Museum geführt. Abends gab der Baron ihnen zu Ehren ein Gala-Diner, gereicht wurde dazu ein 25-jähriger Château Clerc-Milon, ein 100-jähriger Château Mouton-Rothschild und zum krönenden Abschluss der legendäre 1945er Château d'Yquem, der – wie es auf Mouton-Rothschild üblich ist – geeist kredenzt wurde. Man sagt, der Baron habe diese Sitte eingeführt, um dem Süßwein noch mehr Konzentration zu geben. Robert Mondavi mag über diese Idee verwundert gewesen sein, doch auf jeden Fall war er über die Tatsache, dass der Grund des Besuches noch nicht angesprochen, ja noch nicht einmal am Rande erwähnt wurde, irritiert. Vielleicht ergab sich ja noch eine Möglichkeit beim abschließenden Kaffee? Robert Mondavi irrte. Stattdessen sagte der Baron nur: „Bob, wir haben heute Abend kein Wort über Geschäftliches verloren. Würde es Ihnen etwas ausmachen, mich morgen früh in meinem Schlafzimmer zu besuchen? Dort mache ich 90 Prozent meiner Geschäfte."

Am nächsten Morgen besuchten Bob und Marcy Mondavi den Baron punkt 9.30 Uhr im Schlafzimmer. Der Baron habe in seinem Bett gesessen, und nur knappe zwei Stunden später waren sich die Beteiligten einig, zwei große Weinkulturen zusammenzuführen. Das Beste an Wissen, Material und Tradition aus Bordeaux sollte mit dem aus Kalifornien zu einem „Gedicht in der Flasche" zusammengefasst werden. Das Geschäft stand, doch einen Namen hatte man für dieses Baby noch nicht. Als 1979 bereits der erste Jahrgang abgefüllt wurde, war der Nachwuchs noch immer namenlos. Und die Anwälte beider Partner mussten in zähen Verhandlungen all das in einen komplizierten Vertrag packen, was eigentlich ganz unkompliziert und unspektakulär mit einem Handschlag im Schlafzimmer beschlossen worden war.

Noch heute kann sich seine Tochter, die Baronin Philippine de Rothschild, sehr lebhaft an jene Tage auf dem Schloss erinnern, als es darum ging, dem gemeinsamen Kind endlich einen würdigen Namen zu geben. Ihr Vater, so erzählt sie gerne, favorisierte einen lateinischen. Er zog sich in sein Schlafzimmer zurück, wie er das bei wichtigen Geschäften zu tun pflegte, machte es sich auf seinem Bett bequem und rief Bob Mondavi in Oakville an. Philippine war dabei, als ihr Vater telefonierte:

„Bob, ich habe einen Namen gefunden."
„Wirklich?", entgegnete Bob. „Das ist gut. Wie heißt das Kind?"
„Gemini."
„Gemini?" Am anderen Ende der Leitung herrschte nichts als Schweigen.
„Was denkst du, Bob?"
„Nun, Baron, mit Verlaub, aber das ist der Name der größten Gay-Zeitung in San Francisco."

Damit war Gemini gestorben (mich hätte der Name auch eher an ein Schlauchboot erinnert), doch gleichzeitig das erste gemeinsame Werk geboren: Opus One.

PS: Comte Alexander de Lur Saluce, Produzent des berühmten edelsüßen Weines Château d'Yquem, wurde einmal darauf angesprochen, dass Baron Philippe de Rothschild den Wein immer erst etwas gefrieren ließe, bevor er ihn serviere. Darauf soll der Comte geantwortet haben: „Ja, und wenn wir Glühwein machen, dann nehmen wir immer Château Mouton-Rothschild."

36

MIT WEIN AUS DER KIRCHE FREIGEKAUFT

ODER: WIE EIN SPÄTBURGUNDER NACH BADEN KAM

Der Ort liegt im Norden von Baden, eine Ritterburg, ganz so, wie man sie sich vorstellt. Bewehrt mit Türmen, geschützt durch Wälle und Gräben: der Sitz der Freiherrn Göler von Ravensburg. An diesem – heute wildromantischen Ort – spielte sich Anfang des 15. Jahrhunderts ein wahres Drama ab. Nicht nur, dass Freiherr Albrecht III. Göler von Ravensburg (1372-1411) in der Schlacht am Donnersberg fiel, auch sein zweiter Sohn Albrecht und sein dritter Sohn Hans fielen bald darauf in Lothringen. Und damit stand das stolze Adelsgeschlecht fast vor dem Aus. Zwar gab es noch einen weiteren Sohn, Martin, doch der war – zugegeben, nicht ganz freiwillig – Chorherr zu Speyer. Einen traf es eben immer in der Familie, der einen Kirchenposten annehmen musste.

Die Erben hatten ein Problem. Was tun? Das Geschlecht mit den herrlichen Besitzungen aussterben lassen? Chorherr Martin (1408-1465) sah seine letzte Chance, ins irdische Leben zurückzukehren, die kirchlichen Würden zu verlassen und als neuer Herr über die Ravensburg zu regieren. Ein Sprichwort sagt: „Guter Rat ist teuer." Und das war er für Martin im engsten Sinne des Wortes, konnte doch nur der Papst höchstpersönlich einen Dispens erteilen. Martin griff Papier und Feder und schrieb einen langen Brief an Papst Eugen IV. Das Bittgesuch wurde von Ravensburger Wein begleitet. Dieser muss wohl irgendwie seine Wirkung nicht verfehlt haben, denn der Papst entließ Martin aus dem Priesteramt. Allerdings nicht ohne die Zahlung einer ansehnlichen Summe Goldes und einer Auflage: Alles würde erst dann in Kraft treten, wenn ein Fass des besten Ravensburger Weines im päpstlichen Keller lagern würde. Martin soll danach richtig „happy" gewesen sein.

Außerdem war der Papst ein großer Fan von Weinen aus Burgund. Die Pinot Noir Rebe hatte es ihm angetan. Und dieser Papst war nicht der erste Fan. Man munkelte ja schon lange, dass die Päpste nur deshalb so lange in Avignon blieben, weil sie Angst hatten, in Rom keinen Burgunder zu bekommen. Vorausschauend kümmerte sich Martin, begeistert, aus dem Kirchendienst entlassen worden zu sein, um die Lieferung von Weinen aus Beaune, die vom Papst favorisiert wurden. Er schickte einen Boten nach Burgund, „zu den Herren der besten Weine der Christenheit", und Herzog Philipp der Kühne sandte dem frisch gebackenen Freiherrn Setzlinge der Pinot-Rebe nach Sulzfeld. So hatte der gute Freiherr das Problem gelöst und gleich klug für die Zukunft vorgebaut. Sollten seine Nachfahren nochmals in ähnliche Schwierigkeiten kommen, sie hätten für Päpste immer den bestmöglichen Wein gehabt. Und seit dieser Zeit ist die beste Parzelle am Burgberg in der Lage Burg Ravensburger Löchle dem Pinot/Spätburgunder vorbehalten.

37

ETIKETTEN ERZÄHLEN

HERZ-GESCHICHTEN IN GEREFFTEN SEGELN

Weinetiketten können uns bisweilen mehr erzählen als manche Chronik. Zugegeben, die Engelchen und barocken Verzierungen auf den Etiketten der 50er und 60er Jahre wollten nicht zwangsläufig zum Ausdruck bringen, dass himmlischer Genuss auf den Verkoster des Weines wartete. Aber sie wollten sicherlich auch nicht implizieren, dass der Weinfreund nach dem Genuss des edlen Tropfens besonders schnell vor seinen Schöpfer treten würde ... Wie auch immer: Etiketten erzählen viele Geschichten und auch Geschichte.

Das Etikett von Château Latour zum Beispiel wird dominant vom Bild eines Turmes geprägt. Andere Weinetiketten zieren Herzen oder auch Schiffe. Und manche machen allein durch ihren Titel neugierig: „Ancien Cru du Roi“ oder „Cuvée Madame“ lassen aufhorchen. Dahinter verbergen sich amüsante und auch spannende Entwicklungen und Begebenheiten.

Wie beispielsweise das Etikett von Château Beychevelle, einem 4e Cru Classé in der Gemeinde Saint-Julien, das ein Schiff in Form eines Greifes mit gerefften Segeln zeigt. Nun, das Weingut selbst verfügt über einen eigenen Hafen an den Ufern der Gironde (wunderschön gelegen am Ende des weitläufigen französischen Gartens, der das heutige „Versailles des Médoc“ umgibt), und schon zu Zeiten der Grafen de Foix Candale wurde von dort der gutseigene Wein verschifft. Klar, dass deshalb das Schiff auf dem Etikett abgebildet ist. Doch warum sind die Segel gerefft?

Dieses Bild geht auf den ersten Herzog von Epernon zurück. Sein Name war Jean Louis Nogaret de la Valette. Er war ein Favorit von König Heinrich III. von Frankreich, der ihn nicht nur zum Admiral Frankreichs machte, sondern ihn auch nach und nach zum Gouverneur der Provence bis hin zum Gouverneur der Guyenne beförderte. Um seinen Lieblings-Admiral perfekt versorgt zu sehen, arrangierte der König die Heirat mit einer der reichsten Erbinnen des Landes, Marguerite de Foix-Candale und so kam die Familie der Herzöge von Epernon zu weitläufigen Ländereien, unter anderem auch zum Château Beychevelle.

Glaubt man der Legende, mussten von diesem Tag an alle Schiffe, die am Schloss vorbeisegelten, die Segel reffen, um dem nahezu allmächtigen Herzog die Ehre zu erweisen. Aus dem Kommando „Baissez la voile – Refft die Segel" wurde im lokalen Dialekt bald die Verballhornung „Beychevelle", einen Spitznamen, den das Schloss nie mehr loswurde. Und so finden wir noch heute auf dem Etikett ein Schiff mit gerefften Segeln. Die Gallionsfigur ist in Form eines Greifes dargestellt, wodurch die Nähe zum Wein deutlich wird, denn in der griechischen Mythologie war der Greif der Wächter des Trinkgefäßes des Dionysos.

Aber es gibt auch noch eine „echte" und historisch durchaus plausible Erklärung für das Segel-Reffen auf Höhe des Château Beychevelle. Der Hafen von Beychevelle war gleichzeitig auch Zollstation, und um Richtung Bordeaux oder Richtung Meer zu passieren, mussten die Schiffe eine Gebühr entrichten. Für diesen Stopp mussten die Segel eingeholt werden, um dem Schiff die Fahrt zu nehmen, erst danach ging es dann unter vollen Segeln wieder weiter.

Das Etikett des Weingutes Château Calon-Ségur erzählt von einer wahren Liebesgeschichte, die sich einige hundert Jahre später in einer anderen Ortschaft des Médoc abspielte. Das Gut selbst war schon zu Zeiten der Römer ein „echtes" Landgut und Mittelpunkt der Ortschaft Saint-Estèphe, die sich früher Calones nannte – nach dem lateinischen Wort für Holz. Denn viele Boote, die Holz geladen hatten, passierten das kleine Örtchen. Schon im 13. Jahrhundert wurde auf dem Gut Wein angebaut. Der Bau des Schlosses begann im 16. Jahrhundert, zu einem Zeitpunkt, als es in Saint-Estèphe noch nicht einmal eine Kirche gab. Aufregend wird die Geschichte im 18. Jahrhundert. Der Bordelaiser Parlamentspräsident Marquis Alexandre de Ségur, der schon die Weingüter Château Lafite und Château Latour besaß, kam durch die Heirat mit der damals „schönsten Frau von Bordeaux" auch in den Besitz von Château Calon, dem er seinen Familiennamen Ségur anfügte. Seine Frau liebte das Schloss, hielt sich häufig dort auf. Aus diesem Grund soll der Marquis einmal geäußert haben: „Ich erzeuge Wein auf Lafite und Latour, aber mein Herz ist in Calon." Diese Aussage wurde Tradition und auch von den späteren Besitzern, den Capbern-Gasquetons, immer in Ehren gehalten. Noch heute ziert ein großes Herz das Etikett des Weines von Château Calon-Ségur, das Symbol für eine große Liebe.

Sollten Sie einmal eine Flasche des flüssigen Goldes entdecken, dass Weinfreunde auch als „Sauternes" bezeichnen, dann könnte Ihnen der Schriftzug „Cuvée Madame" auffallen. Schon lange wird diese spezielle Cuvée auf dem Weingut Château Coutet in Barsac, das bereits seit dem Mittelalter existiert, hergestellt. Nach der französischen Revolution führten die Mitarbeiter des Châteaux in jenen Jahren, in denen Spitzenqualitäten erreicht wurden, einen besonderen Brauch ein. Sie arbeiteten einen Tag lang ohne Lohn und ernteten die besten Beeren für einen edelsüßen Wein, den sie der Hausherrin widmeten. Dieses legendäre Konzentrat erlangte in kürzester Zeit Weltruf. Noch ist dieses Brauchtum lebendig: Nur in besten Jahren wird eine kleine Menge erlesenster edelfauler Trauben separat ausgebaut und als „Cuvée Madame" etikettiert. Mit etwas Glück kann man eine dieser raren Köstlichkeiten entdecken.

38

DER BERNCASTELER DOCTOR

WEINBERG MIT HEILENDER WIRKUNG

Bohemund II. war einst Kurfürst zu Trier – und so ganz glücklich ist er mit seinem verantwortungsvollen Amt ganz offensichtlich nicht gewesen, behauptet jedenfalls die Legende. Denn ständig war er krank, der Gute. Und dieser Zustand war im Mittelalter alles andere als unproblematisch. Denn wer krank war und es sich leisten konnte, wurde von Ärzten gepflegt. Erst recht, wenn es sich um den Kurfürsten höchstpersönlich handelte. Doch diese Pflege hieß damals nichts anderes als eine Art legitimierter Folter mit Aderlass und heißen Wickeln, Reliquien und frommen Gebeten. Heilende Wirkung – Fehlanzeige. Im Gegenteil: Die Krankheit verschlimmerte sich. Und so schickte der geschundene Kurfürst all seine Ärzte in die Wüste (wobei die meisten schon in den Schänken von Berncastel hängen geblieben sind) und beschloss, in Ruhe, in Würde und in Frieden zu sterben und so seine Qualen zu beenden.

Der Lebensmut hatte den Kurfürsten verlassen – im Dorf sprach sich dieses wie ein Lauffeuer herum, die Bewohner waren schockiert, sie verehrten ihren Fürsten. Doch ein Winzer hatte Hoffnung, er schnappte sich ein Fässchen seines besten Weines, zog zur Burg und wurde zu seiner eigenen Überraschung auch ohne Zögern eingelassen. „Dies ist die beste Medizin", behauptete der Winzer, und versicherte dem staunenden Kurfürsten, dass in seiner Familie damit jede Krankheit geheilt werde. Bohemund hörte es gern und kostete von dem Wundermittel. Ich bin mir sicher, dass er sich nicht an die heutige Empfehlung gehalten hat, pro Tag nicht mehr als zwei Gläser des edlen Rebensaftes zu trinken, denn das Wein-Fässchen war schnell ausgetrunken. Und welch ein Wunder: Dem kränkelnden Kurfürsten ging es von Tag zu Tag besser und er befahl den Winzer noch einmal auf seine Burg.

Die Legende erzählt, dass der Winzer angeblich sehr bescheiden gewesen sein soll. Nein, einen Lohn für die Lebensrettung wolle er nicht annehmen. Doch sein „Herr" bestand darauf, dass der Weinberg, von dem das köstliche Wunderelixier stammte, in Zukunft Doctor genannt werden müsse. Schließlich sei dies der einzige echte Doctor gewesen, der ihm habe helfen können.

Tja, und wenn sie nicht gestorben wären, dann würden sie heute noch leben – nein, im Ernst: Noch heute schauen die Moselaner selbstbewusst auf ihren Doctor und schmunzeln nur, wenn sie amerikanische Touristen in ihren malerischen Dörfern sagen hören: „A glass of doctor a day keeps the apple away."

39 EINE (FAST) UNENDLICHE GESCHICHTE

KORK IM WEIN

„Die weiche, extraktive Note eines gealterten Korkens, der aus der Flasche gezogen wird, hat den wahren Ton eines Mannes, der sein Herz öffnet.“ Diesen Ausspruch hätte William S. Benwell wohl nicht gemacht, wenn er die Flasche mit einem Schraubverschluss geöffnet hätte.

Zum echten Weingenuss gehört der Korken einfach dazu, lässt doch schon das verheißungsvolle „Plopp“ Vorfreude auf den guten Tropfen aufkommen. Aber: Könnte der Wein Kork haben? Vor dem Korkzeitalter wurden Flaschen mit Holzstöpseln verschlossen, die mit Öl-getränktem Leinen umwickelt waren. Zusätzlich wurden die kostbaren Tropfen noch mit Wachs versiegelt, und doch konnte der Wein in diesen Flaschen nicht optimal altern. Das gelang erst, nachdem Korken als „Stopfen“ eingesetzt wurde.

Es soll der Mönch Dom Pérignon aus der Abtei von Hautviller gewesen sein, der zum ersten Mal mit Kork seine kostbaren Champagnerflaschen verschlossen haben soll. Als er, so sagt es die Legende, Besuch einer schwergewichtigen Äbtissin aus Spanien bekam, ließ er sich durch ihre elastischen Korksohlen inspirieren und sah dadurch im Kork das geeignete Material, um seine bis dahin häufig „explodierenden“ Champagnerflaschen optimal verschließen zu können. Die Elastizität des Naturmaterials hielt, was der Mönch sich davon versprach: Die Explosionsrate seiner gefragten Champagner ging deutlich zurück.

Doch bis der Korken endlich auf der Flasche ist, hat er schon einen langen Weg zurückgelegt. Zehn Jahre alt müssen Korkeichen erst einmal werden, bevor sie das erste Mal geschält werden. Angebaut werden sie hauptsächlich im Mittelmeerraum, alleine Portugal erzeugt mit seinen 670.000 Hektar Korkeichenwäldern 30 Prozent der Weltkorkproduktion. Je dichter und je langsamer die Eichen gewachsen sind, desto besser ist die Qualität und Stabilität des Korkens. Am Spiegel – der runden Fläche des Korkens – sind sogar die Jahresringe zu zählen.

Nachdem der Korken verarbeitet und gebleicht worden ist, kommt er auf die Flasche. Dieser Moment ist auch gleichzeitig die Geburtsurkunde des Weines, denn auf dem so genannten Korkbrand sind Name und Jahrgang des Weines notiert. Ein Etikett kann verloren gehen, ein Korken nie. Darüber hinaus sagt uns einer, der seine Elastizität eingebüßt hat, dass er schon sehr lange auf der Flasche war, ist der Korken dagegen noch „gut in Form", ist dies ein sicheres Indiz dafür, dass er erst relativ kurze Zeit die Flasche verschließt. Wie auch immer: Kork als Weinverschluss ist ein sicheres Schloss: Der Wein kann in aller Ruhe altern und sich auf seinen Höhepunkt entwickeln.

Nachteil des Korks: Manche Weine riechen und schmecken nach Kork. Ein muffiger, herber, chemisch wirkender Duft macht sich breit und der Wein schmeckt herb und kratzig. Dagegen unternehmen kann man derzeit noch wenig. Fünf Prozent aller Weine weltweit haben einen so genannten „Korkschmecker". Die Industrie arbeitet auf Hochtouren, um das Problem zu lösen. Doch einfach ist dies nicht. Schließlich ist Kork auch ein Naturprodukt. Plastikkorken konnten noch nicht nachhaltig unter Beweis stellen, dass auch sie eine Flasche über viele Jahre, sogar Jahrzehnte sicher verschließen können. Kronkorken sind zwar effektiv und werden gerne bei Versuchsweinen eingesetzt, doch erinnern sie zu stark an Bier. Und der Schraubverschluss konnte sich bislang nur in der Schweiz durchsetzen, dort allerdings auch auf kostbaren Grand Crus. Und dabei hat der Schraubverschluss wirklich Vorteile: Die Frische des Weines bleibt erhalten, er nimmt keinen Fremdgeruch an, er entwickelt sich langsamer in der Flasche, und zum Öffnen muss nicht erst vorher noch ein Krafttraining absolviert werden. Doch sind wir ehrlich: Wenn das berühmte „Plopp" beim Öffnen einer Flasche fehlt – dann vermissen wir beim Wein doch etwas.

40

DAS KELLERRECHT

SCHÜTZT VOR BÖSEN GEISTERN

In manchen Weingütern Deutschlands wird der Gast am Kellereingang eine Tafel entdecken, auf der recht drakonische Maßnahmen für das Fehlverhalten im Keller angedroht werden. Im Bürgerspital zum Heiligen Geist in Würzburg etwa wird man mit klaren und deutlichen Worten auf die Folgen seines „Danebenbenehmens" hingewiesen:

Das Kellerrecht

Vernimm viellieber Kellergast,
wonach Du Dich zu richten hast,
wenn Du betrittst das Reich des Weins,
des „Pfülben" Neuberg und des Steins!

Zum Ersten: Qualm' nicht wie ein Schlot!
Es herrscht hier strenges Rauchverbot.
Denn edler Wein und Kellerluft
vertragen keinen Tabakduft.

Punkt zwei: Das Klopfen unterlaß'
am vollen wie am leeren Faß!
Du ziehst auch nicht im fremden Haus
aus Neugier die Schubladen raus.

Zum Dritten: Gröhl und lästre nicht,
man legt auf guten Ton Gewicht.
Und außerdem wie Du ja weißt,
bist Du hier Gast beim „heil'gen Geist".

Kehrst Du Dich nicht ans Kellerrecht,
wirst Du belehrt vom Kellerknecht.
Nicht eben höflich und human,
schau Dir nur seine Fäuste an!

Hört sich nach einer Schule für gutes Benehmen an, oder? Hinweise, dass Pfeifen, Fluchen, Singen usw. zu unterlassen sind, sind im Kellerrecht schon immer berücksichtigt worden, galt (und gilt) es doch, die Kellergeister in ihrer Ruhe nicht zu stören. Das Rauchverbot kam erst viele Jahre später hinzu.

Von Anfang allerdings strikt verboten und bei Nichtbeachten mit der Höchststrafe bedacht: Das Klopfen am vollen sowie am leeren Fass. Aberglaube regierte auch zu christlichen Zeiten: Man möge den Wein nicht in seiner (heiligen) Ruhe stören, um bloß nicht die bösen Kellergeister aufzuschrecken ... Ob dies damals schon jemand ernsthaft geglaubt hat?

Hintergrund war ein ganz anderer. Weintourismus wie wir ihn heute kennen, gab es früher kaum. Im Keller hielten sich meist potenzielle Käufer auf, und das Klopfen am Fass konnte ihnen wichtige Informationen geben. Waren alle Fässer gefüllt, dann hatte der Winzer viel Wein zu verkaufen, der Preis konnte leichter gedrückt werden. Leere Fässer bei einem ansonsten guten Jahrgang konnten nicht nur ein Indiz dafür sein, dass der Wein schon verkauft war, sondern auch dafür, dass der Winzer in diesem Jahr schlecht gearbeitet hat und der Ertrag zu wünschen übrig ließ. Das Kellerrecht entpuppt sich bei genauerer Betrachtung eher als ein Recht zum Schutz des Winzers (und Verkäufers) als ein Recht zum Schutz angeblicher empfindsamer Kellergeister.

Übrigens: Wer trotzdem pfiff, fluchte, rauchte oder klopfte, der bekam es in der Vergangenheit wirklich mit dem Kellerknecht zu tun. Und so findet sich im Hofkeller in Würzburg die Darstellung der letzten Strophe: Nachdem der Kellerknecht dem Kunden den Allerwertesten nach allen Regeln der Kunst ordentlich „versohlte“, wurde dem so Gestraften als Wiedergutmachung ein Becher mit besonders gutem Wein gereicht. Ob der dann allerdings noch seinen Wein weiterhin bei diesem Winzer kaufte, ist leider nicht überliefert.

41

WEIN MIT WASSER

SCHON DIE ALTEN GRIECHEN KANNTEN DIE SCHORLE

Schorle ist echt „in“: Selbst auf traditionsreichen Weinfesten wird heute gerne (und auch viel) Wein, munter mit Wasser gemixt, getrunken. Die Schorle, auch als „Gespritzter“ bekannt, schmeckt mir (wahrscheinlich nicht nur mir) immer dann am besten, wenn sie etwas mehr Wein als Wasser enthält.

Leider ist der beliebte Durstlöscher im Sommer nicht unumstritten. Seit die Menschen Wein trinken, diskutieren sie die Vor- und Nachteile des mit Wasser gespritzten Weines.

Schon die alten Griechen – immer wieder gern zitiert – tranken Wein nur mit Wasser vermischt. Nur die Barbaren im Norden, wie beispielsweise die Skythen, tranken ihren Wein bevorzugt unverdünnt, was in der damaligen Zeit einer maßlosen Stillosigkeit gleich gekommen sein muss. Das Trinken unverdünnten Weines war genauso verpönt wie das Trinken von Bier (welcher Genuss den alten Griechen da entgangen sein muss). Schließlich rangierte Bier damals zusammen mit Palmen- oder Lotuswein auf einer Stufe und gehörte zur „kulturlosen“ Klasse (Übertreibung macht anschaulich).

„Kultur“-Wein hingegen wurde zusammen mit Wasser, gelegentlich auch mit Honig oder Gewürzen versetzt, in einem Mischgefäß mit dem schönen Namen „Crater" vorbereitet, bevor er den Gästen serviert wurde.

Auch die Römer legten viel Wert auf gediegene Weinkultur und kopierten die Griechen im gleichen Maße wie Jahrhunderte später die „absoluten" Fürsten Europas den Sonnenkönig. Das Mischen von Wein war auch im alten Rom ein unbedingtes Muss. Und das, obwohl die Römer auf einen gut gereiften Wein schon viel Wert legten, zum Beispiel wurde der legendäre Falerner erst ab dem zehnten Jahr seiner Lagerung als trinkfähig empfohlen (dabei hätte sein Alterungspotenzial sogar noch höher gelegen), und der Sorrentiner war mit 25 Jahren der Renner unter den reifen Weinen. Selbst so edle Tropfen wurden ohne Hemmungen gemischt. Nero soll seinen Falerner beispielsweise am liebsten mit Meerwasser gemischt getrunken haben (aber er ist ja auch als verrückt in die Geschichte eingegangen). Nero ließ sich nicht nur den Falerner aus dem Süden liefern, sondern mit ihm auch noch gleich das prickelnd frische Meerwasser (lecker?!).

Mischen war groß in Mode, auch noch im Mittelalter, in Gottesdiensten wird heute noch bei Messopfern Wein mit Wasser vermischt. Die gekrönten Häupter des Mittelalters und der Renaissance griffen ebenso zum Gemischten wie es später Ludwig XIV. tat. Doch gleichzeitig wurde unverdünntes Trinken hof- und salonfähig. Aus Goethes Gedicht über einen Gasthausbesuch werden Widersprüche sichtbar, von Studenten am Nachbartisch ausgelacht soll er auf seine Serviette geschrieben haben (auszugsweise):

Wasser alleine macht stumm, das zeigen im Meer die Fische
Wein alleine macht dumm, das zeigen die Herren am Tische
Drum trinke ich Wasser mit Wein ...

Napoleon musste den Verzicht auf seine Schorle bitter bezahlen. Vor der Schlacht von Waterloo bemerkte der Kaiser der Franzosen, dass man seinen geliebten Chambertin, einen Grand Cru aus Burgund, nicht im Gepäck hatte. So musste er am Vorabend der Schlacht auf seine heißgeliebte Schorle verzichten (er mischte immer Chambertin mit Wasser) und verlor prompt am nächsten Tag ...

Wein mit und ohne Wasser ist also eine Geschmacks-, vielleicht auch eine Glaubensfrage. Hauptsache, sie schmeckt ...

42

DER GESCHMACK

SEIT DER STEINZEIT UNVERÄNDERT

Mehr als wir manchmal glauben, sind wir unseren Steinzeit-Vorfahren ähnlich. Der einfache Beweis dafür ist unser Geschmack: Schlicht strukturiert. Schließlich unterscheiden wir nur zwischen vier verschiedenen Geschmacksrichtungen: süß, salzig, sauer und bitter. Auch können wir Geschmack nur über die Zunge wahrnehmen, und dort auch nur an den Rändern.

So ist die Zungenspitze am empfindlichsten für Süßes, während die vorderen Zungenränder gerne auf Salziges reagieren. Die hinteren Zungenpartien sind empfindlich, wenn sie Saures bekommen und der so genannte Zungenhintergrund ist sensibel, wenn es um Bitteres geht.

Wer es nicht glaubt, kann den Test auch ganz einfach selbst durchführen. Mit Zuckerwasser beispielsweise oder mit einem kräftigen Schluck aus dem Mittelmeer, einfaches Salzwasser tut's aber auch. Sauer muss übrigens nicht immer schrecklich schmecken: Ein Schluck Zitronensaft wird auf den Zungenrändern genauso tanzen wie ein Tropfen Essig – nur schmeckt er deutlich besser. Bitterstoffe kann man übrigens am besten in etwas zu lang gezogenem Tee entdecken. Dafür müssen Sie nicht einmal nach London zum Afternoon-Tea ins Savoy, ein Teebeutel aus dem Supermarkt reicht für diese bittere Erfahrung voll und ganz aus.

So können Sie den Test am Gaumen selbst durchführen und werden zu einem verblüffenden Ergebnis kommen: Der Körper bzw. die Zunge gewöhnen sich an fast alles, nur nicht an Bitterstoffe. Diese verstärken sich und der bittere Eindruck bleibt eine ganze Weile am Gaumen erhalten.

Kein Wunder, denn dies ist unser „Steinzeit-Bereich". Die Natur hat den Körper optimal auf Gefahren vorbereitet. Und während wir heute im Supermarkt ganz einfach auf die Verpackung schauen, um zu prüfen, was in der heutigen Nahrung so alles drin ist (und trotzdem überrascht sind, was so alles nicht deklariert wird), konnte sich der Mensch in der Steinzeit nicht auf den Zulieferer verlassen. Rehböcke tragen kein Mindesthaltbarkeitsdatum und bei gejagten Gazellen weiß man auch nicht so genau, was einen erwartet.

Deshalb hat die Natur alles perfekt eingerichtet: Der Teil der Zunge, an dem nichts vorbeigeschmuggelt werden kann, wurde zur Alarmstation für den Menschen: der Zungenhintergrund. Hat sich der steinzeitlich Genießer vom Aussehen nicht abschrecken lassen und hat ihn auch der Geruch nicht gewarnt, so war hier die letzte Möglichkeit, eventuell giftige Stoffe auszusortieren. Und viele giftige Stoffe haben einen bitteren Geschmack. Das natürliche Warnsystem funktioniert so perfekt, dass es den nachlässigen Verkoster durch deutliche Geschmacksverstärkung darauf hinweist. Eigentlich kann so nichts passieren.

Doch Achtung Falle: Denn heute gehört bitter zum guten Ton. Kaffee ist bitter, auch die Gerbstoffe im Wein können es sein, Campari sei deshalb auch nur ganz kurz erwähnt, von Cynar ganz zu schweigen. In unserer heutigen Zeit ist es schick, bitter zu trinken. Schließlich macht bitter lustig. Unser entwickelter Geschmack benötigt die Steinzeit-Signale nicht mehr. Sophistication heißt das Zauberwort. Und dabei bleibt der Geschmack auf der Strecke. Vielleicht sollten wir ihn alle mal wieder trainieren.

43

BESSER ALS VIAGRA

RIESLING MIT VERBLÜFFENDER NEBENWIRKUNG

Wein schmeckt nicht nur gut, sondern hat darüber hinaus ganz angenehme Nebenwirkungen. Rotwein soll gut für den Kreislauf sein. Prima. Neuesten Forschungen von spanischen Wissenschaftlern zufolge soll gar der Genuss von zwei Gläsern roten Weines täglich vor Erkältungen schützen. Und noch besser. Das Trinken von Weißwein soll gar vor Osteoporose bewahren. Was will man mehr. Und die Königin der weißen Rebsorten, Riesling, soll eine ganz und gar ungewöhnliche Eigenschaft besitzen:

Schließlich haben Sie mit einem Riesling auch einen Wein im Glas, der anstatt der beruhigenden Gerbstoffe (wie im Rotwein) eine erfrischende, knackige Säure mitbringt, die anregt – nicht aufregt.

Dazu liegt der Alkoholgehalt dieses Weines deutlich unter 10 Vol %. Er wirkt also wirklich wie ein Muntermacher und nicht ermüdend wie ein kräftiger, dichter Rotwein mit über 13 Vol % ...

Und er verfügt über Aromen, die an Aprikose, Pfirsich und Apfel erinnern. Aromen, die bereits von einem berühmten Arzt des frühen Mittelalters, von Avincenna, als aphrodisisch beschrieben und in Aromatherapien eingesetzt wurden. Gute Voraussetzungen für gute Laune also. Und sollte der Riesling dann noch als Spätlese restsüß ausgebaut sein ..., dann liefert er auch noch gleich die nötige Energie (durch den Restzucker). Und das, so hat mir ein Freund verraten, soll angeblich noch nicht einmal Viagra können. Zu eventuellen Nebenwirkungen und Risiken befragen Sie bitte Ihren Arzt oder Apotheker. Aber mein Hausarzt hat mir bestätigt: Die Folgen des Riesling-Genusses seien logisch, dagegen könne man nichts einwenden. Schließlich fände das Aphrodisische sowieso im Kopf statt. Wie auch immer: Genießen Sie in diesem Sinne Ihren Riesling.

44

PORTWEIN

KEINE KRONE FÜR DIE ENGLÄNDER

Wer hätte das gedacht: Den Portwein haben die Engländer gar nicht erfunden. Diese Krone wird ihnen noch immer zu Unrecht aufgesetzt. Aber sie haben sich eines Rezeptes bedient, das Arnoldus de Villanova entwickelt hatte. Der Alchimist und Arzt, der später als Leibarzt von Papst Clemens V. in Avignon zu einiger Berühmtheit gelangte, hatte bereits im Jahr 1299 ein Patent vom König von Mallorca und Aragon erhalten, das ihm erlaubte, gärenden Wein mit Weinbrand zu versetzen. Dadurch wurde die Gärung gestoppt, die Süße des zum Teil noch unvergorenen Weines erhalten, und durch den relativ hohen Alkoholgehalt blieb der Wein auch noch stabil.

Zurück zu den Engländern: Sie waren es, die den Portwein groß und populär machten. In der zweiten Hälfte des 17. Jahrhunderts hatten sie auf Grund ihrer privilegierten Beziehungen mit Portugal begonnen, die dortige Weinwirtschaft stark zu beeinflussen. Als Folge davon wurde Portwein in großen Mengen nach England importiert und dort schnell das Modegetränk der feinen Londoner Gesellschaft.

Der beliebte, alkoholreiche rote oder weiße Likörwein ist nicht nach seiner Heimat benannt. Nein, seinen Namen hat er von dem Hafen, von dem aus er auch heute noch in alle Welt verschifft wird: Porto. Er liegt gegenüber des kleinen Ortes Vila Nova de Gaia, wo der gute Portwein seit Jahr und Tag in den Kellereien produziert wird.

Sein Anbaugebiet, im Douro-Tal, beginnt übrigens 100 Kilometer flussaufwärts im Landesinnern und erstreckt sich vom kleinen Städtchen Régua 100 Kilometer weiter bis zur spanischen Grenze. Diese Gegend gilt weltweit als eine der imposantesten, intensivsten und wildesten Weinlandschaften überhaupt. Ein entlegener Landstrich, in dem Esel und Maultier noch immer die besten Transportmittel zu sein scheinen und die kostbaren Trauben noch immer über ein bis zwei Kilometer auf dem Rücken zum nächsten befahrbaren Weg geschleppt werden müssen.

45

NEUE WUNDERMITTEL

MINERALWASSER STATT PILLE DANACH

Die Medien berichten es gerne, die Nachrichten überschlagen sich: Es gibt die erste Pille für danach ... Sie soll wahre Wunder wirken und nach dem Genuss von Alkohol schnell helfen, diesen im Körper wieder abzubauen. In Frankreich erfreut sich diese Pille bereits großer Nachfrage, in Deutschland ist sie noch verboten.

Das heißt, die Pille für danach – Gott, was wäre das einfach – ist für uns tabu. Wir müssen uns mit anderen Mitteln und Mittelchen helfen und dabei auch tief in Großmutters Trickkiste greifen. Noch heute gilt: Ausreichend mineralhaltiges Wasser während und nach dem Genuss von Alkohol getrunken, mindert unerwünschte Nebenwirkungen ganz erheblich – da müssen Sie auch nicht erst Ihren Arzt oder Apotheker fragen. Der Trick ist einfach: Alkohol verändert die Prozesse im Körper dahingehend, dass der Körper Wasser und damit auch eine ganze Reihe wertvoller Mineralien verliert. Dehydration nennen dies die Mediziner. Magnesium zum Beispiel ist unter anderem für geschmeidige Muskeln verantwortlich. Der Effekt nach durchzechter Nacht: heftige Muskelschmerzen, die durch genügend Mineralwasser hätten vermieden werden können.

Vieles ist ja bekanntlich steigerungsfähig, auch der Alkoholgehalt. Sollte es einmal ganz hart sein, hilft immer noch eine Magnesiumtablette vor dem Schlafengehen. Fragen Sie doch ruhig Ihren Arzt oder Apotheker.

Und wenn es ganz schlimm kommt, gilt die Regel für den absoluten Notfall: Zur Magnesiumtablette kommt einfach eine Aspirin dazu. Fertig ist der Drink, aus dem die Träume sind. Denn am nächsten Morgen stehen die meisten Menschen frisch und munter auf. Doch ein Tipp, der nicht für alle umzusetzen ist. Menschen mit Magenproblemen sollten davon Abstand nehmen, auch eine häufige Anwendung ist auf Grund des aggressiven Verhaltens von Aspirin in Verbindung mit Säure problematisch. Da fragen Sie doch besser Ihren Arzt oder Apotheker.

Wie gut hatten es da die alten Griechen: Aspirin gab es noch nicht, Wasser war zum Waschen da und Wein wurde – vermischt mit Honig, Gewürzen und teilweise auch mit Meerwasser – in großen Mengen getrunken. Kopfschmerzen gehörten zum Alltag. Und doch band man den Zechern einen Petersilienkranz um den Kopf, denn angeblich verhinderte das Küchenkraut Trunkenheit und Kopfweh. Bleibt mir nur eins: Bitten Sie doch demnächst einfach mal Ihren Gastronom, Ihnen einen Petersilienkranz aufzulegen. „Schaun mer mal ..."

46

GELD STATT WEIN –

DAS MUSSTE SEIN

Was der Wein in seiner langen Geschichte nicht hat alles verkraften müssen! Selbst als willkommenes Zahlungsmittel ist er abgelöst worden. Und das auch noch im alten Griechenland, in dem Genuss schon immer groß geschrieben wurde und Wein als Zahlungsmittel sehr beliebt war. Doch als Pheidon, hauptberuflich König von Argos, nebenberuflich Tyrann, an die Macht kam, wurde alles anders. Der Gute hatte Angst, von seinem Thron gestoßen zu werden, ein Schicksal, das er wohl mit vielen Tyrannen teilte. Anlass dazu bot ihm der Obólos.

Eigentlich nur ein harmloser Bratspieß mit saftigen Fleischstücken. Doch er wurde gerne zur Bezahlung, unter anderem auch von Richtern verwendet. Nun begab es sich so in der Zeit um 700 v. Chr., dass jeder Richter in Athen, der ein Urteil fällte, mit einem üppigen Obólos bezahlt wurde. Dazu gab's ein paar ordentliche Schlucke Wein, so trocken sollte es ja nun auch nicht sein.

Da Wein ja bekanntlich die Zunge löst, mitunter aus einem Lamm auch einen Löwen macht und der gute Tyrannen-König eigentlich nur Angst hatte, öffentlich kritisiert und zum Gegenstand für Aufruhrpläne und andere revolutionäre Ideen zu werden, musste er einen ordentlichen Ersatz für Wein finden. Kein Richter sollte weiterhin auf dumme Gedanken kommen können.

Ouzo gab es noch nicht, auch wäre die Wirkung nicht die erwünschte gewesen, Wasser war nicht sauber genug – so blieb ihm nur eins: Bezahlung mit schnödem Geld. Er tauschte den Bratspieß gegen eine Münze. Und diese bekam – damit sie schneller akzeptiert wurde – einen ähnlichen Namen: Obolus. Pheidon behielt Recht. Die Richter feierten nicht mehr mit Wein, Weib und Bratspießchen, sondern horteten ihren Obolus daheim, wo dieser sich als widerstandsfähig, wertvermehrend und lagerfähig erwies.

Von diesem Brauch ist außer den Geschichten über Bestechungsskandale im alten Griechenland nur noch ein kleiner Rest geblieben: im heutigen Wort Obolus, mit dem wir noch immer eine bestimmte Geldmenge bezeichnen. Und das nur wegen einiger zünftiger Feste und ein paar Becher Wein.

47

(K)EIN MÄRCHEN

WASSER STATT WEIN

Unweit von Bordeaux liegt ein Château – schön wie im Bilderbuch –, das heute zur Appellation Pessac-Léognan gehört: Das Château Carbonnieux, ein traditionsreiches Weingut aus dem Mittelalter, das bis zur französischen Revolution Benediktiner-Mönchen gehörte.

Thomas Jefferson, der als Diplomat Frankreich bereiste und mit kritischen Anmerkungen über europäische Weine wirklich nicht geizte, zeigte sich vom Wein dieses Gutes mehr als angetan. Er soll ihn gar gekauft und mit in die Staaten genommen haben.

Und auch eine junge Dame aus Bordeaux genoss diese edlen Tropfen, allerdings musste sie, um in der Fremde in den Besitz jener ausgesuchten Weine zu kommen, jede Menge Unrecht und Schmerzen erdulden. Wie in einem guten Märchen üblich, soll diese junge Dame sehr schön gewesen sein. Nun begab es sich also eines Tages, dass besagte Dame während einer Mittelmeer-Schiffsreise von groben Piraten gekapert wurde. Nur ihre Schönheit soll sie vor einem grausamen Tod gerettet haben. Stattdessen wurde sie gewinnbringend verkauft – der mächtige Sultan vom Bosporus interessierte sich für die kleine Französin und zahlte eine ansehnliche Summe. Und da kein stattlicher Prinz auf seinem ungestümen Hengst daherkam, um die Schöne aus den Klauen des Sultans zu befreien, musste sie seine Lieblingsfrau im großen Harem werden. Weil sie zu gefallen wusste, wie es so schön hieß.

Natürlich bekam sie unbändiges Heimweh – auch das ist in solchen Geschichten so üblich. Und der mächtige Sultan mit dem großen Herzen hatte Mitleid. Selbstverständlich konnte er seine Lieblingsfrau nicht einfach ziehen lassen – wo käme er denn da hin –, doch er erlaubte ihr, Produkte aus ihrem Heimatland Frankreich zu bestellen.

Wer nun letztendlich die Idee hatte, jenen Wein in den Harem zu schmuggeln, steht leider nicht im Märchen. Doch überliefert ist, dass die Mönche von Carbonnieux angewiesen wurden, den berühmten weißen Wein in Flaschen zu füllen, ihn aber ganz eindeutig als Mineralwasser zu deklarieren hätten.

So etikettiert fanden viele Flaschen dieses „Eau minérale de Carbonnieux" den Weg nach Istanbul und erfreuten die Lieblingsfrau des Sultans. Zugegeben: Die Beamten mussten damals ziemlich dusselig gewesen sein, um nicht ernsthaft zu bemerken, dass es einen Badeort namens „Carbonnieux les Bains" gar nicht gab. Über viele Jahre hinweg zog sich dieses Wasser-Wein-Spielchen erfolgreich hin und keiner will es gewusst haben.

Doch was so lange währt, währt nicht immer gut: Eines schönen Tages erschien der Sultan unangemeldet in den Gemächern seiner Lieblingsfranzösin, die nun leider weder Zeit noch Gelegenheit hatte, die exklusiven Wasserflaschen zu verstecken. Der Sultan – ausgerechnet in dem Moment auch noch sehr durstig – griff nach der Flasche und trank begierig in großen Schlucken. Die junge Madame wähnte sich schon im Kerker und machte im Geiste bereits Bekanntschaft mit dem Henker. Der Sultan nahm den ersten Schluck, zog überrascht die buschigen Augenbrauen hoch, nahm noch einen Schluck, seine Augen verengten sich und die Lieblingsfrau spürte den gewaltigen Zornesausbruch. Doch dann kam es ganz anders. Der Sultan blickte ihr offen und ehrlich in die Augen und meinte schlicht: „Da soll mal einer die Franzosen verstehen. Warum trinken sie überhaupt Wein, wenn das Mineralwasser in Frankreich einen so vorzüglichen Geschmack hat ..."

Übrigens: Vorzüglichen Wein gibt es auch heute noch auf Carbonnieux, aber als „Eau Minérale" ist er nicht mehr deklariert.

48

GEHÖRTE EINFACH ZUM GUTEN TON

DER THREE BOTTLE MAN

Dezent bat der Butler die Damen der so genannten besseren Gesellschaft in den Salon, damit sie dort, wie sie es gewohnt waren, ihren Tee trinken konnten. In England wurde schon immer mehr als anderswo in der Welt viel Wert auf die Einhaltung von gesellschaftlichen Umgangsformen, auf Sitte und Anstand gelegt. Und die Herren begannen ihr Plauderstündchen nach dem Dinner, mit Zigarre und einer mit gutem alten Port gefüllten Karaffe. Kaum erwähnenswert, dass es nicht nur bei einer Karaffe blieb.

Die Karaffe kreiste solange um den Tisch und durfte nicht abgestellt werden, bis sie zur Neige ging. Dann folgte die nächste Karaffe und so weiter. Wahrscheinlich konnten nur so die hitzigen Debatten zum Thema Politik geführt, Pferderennen analysiert und über all jenes gesprochen werden, was die Damen dieser Gesellschaftsschicht zweifellos für höchst unschicklich gehalten hätten. Hand aufs Herz: War diese Raumteilung wirklich so unpraktisch?

Schließlich sprachen die Herren nicht nur dem Port, sondern auch dem Wein gut zu. Drei Flaschen pro Kopf nach dem Dinner – das war Standard. „Three bottle man" hießen deshalb die Teilnehmer solcher Zusammenkünfte auch gerne. Nicht mitzumachen wäre ein gesellschaftlicher Faux Pas gewesen, der eine Ächtung zur Folge gehabt hätte.

Natürlich gab es auch Ausnahmen, wie beispielsweise die Edelleute Dufferin, Blayney und Panmure. Sie waren im ganzen Land berühmt und wurden gerne auch als „Six bottle man" gefeiert. Alles ist ja bekanntlich irgendwie steigerungsfähig. Doch wie oft sie die Gelegenheit dazu nutzten, ist leider nicht überliefert, auch nicht, wie lange sie sich deswegen guter Gesundheit erfreuten.

Auch wurden keine Aufzeichnungen darüber gefunden, wie die Herren anschließend mit den Damen Konversation betrieben oder wann und wie (und mit wem) sie am nächsten Morgen aufgewacht sind. Aber es ist anzunehmen, dass ohne unser modernes Aspirin Kopfschmerzen einfach dazugehörten. Zugegeben: Da haben wir es heute doch viel einfacher ...

MAHLZEITEN IM SCHLOSS

AKUTE LEBENSGEFAHR FÜR KÖNIGE

König sein ... wunderbar. Als Kind fand ich diese Vorstellung einfach faszinierend. Man kann essen, was man will, trinken, was man will, sagen, was man will, und alle müssen nach des Königs Pfeife tanzen. Doch später lernte ich dann, dass König sein doch kein Zuckerschlecken war. Schade eigentlich.

Ob Ludwig der Heilige im Mittelalter, Ludwig der XIII. oder Ludwig der Sonnenkönig im Barock – sie alle teilten ein hartes Schicksal: Ihr Essen kam immer lauwarm auf den Tisch. Doch auch das hatte, wie so vieles, seinen Grund. Denn auf Grund akuter Brandgefahr ließen die Architekten die Küchen außerhalb der Schlösser anlegen. Und so wurde die Speise des Königs über lange Flure, durch zugige Korridore und über unzählige Treppen bis zum Tisch gebracht. Jeder Höfling musste sich übrigens vor der Speise verneigen und ein ehrfurchtsvolles „die Speise des Königs" murmeln. Erst dann erreichte die Prozession den Beistelltisch. Der Mundschenk, wieder ganz im Zeremoniell gefangen, servierte das opulente Mahl nach fest vorgeschriebener „Choreographie". Dass das Essen dabei kalt wurde, schien niemanden ernsthaft zu stören.

Schließlich hatte Ludwig XIV. auch so genug zu kauen: Alleine zum Auftakt – sozusagen als Amuse Bouche – aß er zwei Kapaune und vier Rebhühner. Sein Appetit war berühmt. Und alles vollzog sich vor den Augen der höchst interessierten Öffentlichkeit, saß doch der erhabene König an einer langen Tafel auf einem Podest, und das gemeine Volk konnte ihm dabei zuschauen. Ein wahrhaft imponierendes Schauspiel.

Entsprechend wurde auch der Getränkekonsum seiner Majestät mit Argusaugen beobachtet. Und war schon der Service des Essens ein perfekt in Szene gesetztes Theaterstück, so wurde der Weinservice beinahe zu einem festlich zelebrierten Hochamt der Monarchie.

Gläser standen keine auf dem Tisch. Trinkgefäße auf der Tafel galten damals alles andere als schicklich. Der König befahl und der Staatsapparat setzte sich in Bewegung:

Der Echanson – sozusagen der Sommelier des Königs – rief laut: „Man bringe dem König zu trinken." Dann begab er sich zur Anrichte, wo schon der oberste Mundschenk mit einem Silbertablett wartete, auf dem jeweils eine Wein- und Wasserkaraffe standen, das Glas des Königs war zum Schutz vor Staub, Mücken und Gift! mit einer Untertasse abgedeckt.

Zusammen begaben sie sich nun ehrfurchtsvoll an die Tafel des Königs, wo ein weiterer Hilfs-Echanson bereits zwei silberne Tassen, so genannte Tastevins, vorbereitet hatte. Nach endlosen Minuten und weiteren drei tiefen Verbeugungen erreichten sie endlich den königlichen Tisch, um dort die so genannte „Probe" durchzuführen. Sie war überlebenswichtig für den König, denn Änderungen in der Erbfolge mittels Giftbecher waren sehr beliebt, zumal dann, wenn zur Verwandtschaft Borgias, Medicis oder Sforzas zählten. Der Echanson musste den Wein kosten, eine riskante Angelegenheit, schließlich könnte er diese Probe ja unter Umständen nicht überleben und eines qualvollen Todes sterben. Sollte das jemals der Fall gewesen sein – dann hätte sein Chef dran glauben müssen.

Also: Der Echanson goss etwas Wasser und Wein in je eine der silbernen Tassen, überlebte er die Wein-Mixtur, deckte der Chef das königliche Glas auf und bot dem König auf dem Silbertablett Glas und Karaffen an, aus denen sich der König dann seinen Wein aber tatsächlich selbst mischen und das Glas in einem Zug austrinken musste. Dann zogen sich die ranghöchsten Mundschenke unter dreimaligem Verbeugen wieder zur Anrichte zurück. Mehr als drei Gläser pro Mahlzeit schaffte Ludwig XIII. nicht, kein Wunder bei dem komplizierten Ritual.

Sein Nachfolger, Ludwig XV., war mit diesem Zeremoniell übrigens nicht ganz so glücklich. Er erfand das private Diner in einem „Chambre séparée", wo ihm keiner zuschaute, wie und mit wem er aß. Was ihm allerdings auch noch weiterhin nur lauwarmes Essen bescherte, doch er konnte trinken, was und wie viel er wollte ... und vor allen Dingen mit wem. Sagte ich doch: König sein war alles andere als ein Zuckerschlecken ...

KULTWEIN BAROLO...

PRAHLT MIT DUFT NACH ROSEN UND TEER

Es gibt legendäre Weine, die weit über ihre Landesgrenzen hinaus einen ausgezeichneten Ruf besitzen und deren Name allein schon puren Genuss verheißt. Dazu zählen sicherlich auch die großen Gewächse des Piemont, allen voran der Barolo. Ein magisches Zauberwort, das Kenner ins Schwärmen kommen lässt und selbst Weinnovizen wohlige Schauer über den Rücken jagt.

Ihren einmaligen Ruf haben sich diese Weine, erzeugt aus der Nebbiolo-Traube, durch ihr einmaliges Duftpotenzial erarbeitet. Sie riechen nach Rosen, sind „trocken im Geschmack, voll, stark, aber samtig: harmonisch mit einem Nachgeschmack von Teer, ein wenig wie leichte Lakritze", so steht es jedenfalls in der Weinliteratur. Teer sei eine Geruchsnuance, so heißt es, die schwach und angenehm in bestimmten Rotweinen zu finden ist. Dabei gilt der Nachgeschmack von Teer im Wein oft als klassischer Fehler in edlen Tropfen. Aber Barolo ist Kult, obwohl die Barolos von heute anders schmecken als die aus früheren Jahrzehnten. Während in den heutigen Gewächsen die feine, florale Rosen-Komponente noch erkennbar ist, macht sich der Teerduft rar. Nur noch wenige Weine haben diese spezifischen Anklänge.

Beim Teergeschmack kann es sich leider auch um ein Missgeschick handeln, wenn nämlich zum Zeitpunkt der Traubenreife in der Nähe der Reben geteert wurde, so wie man es manchmal auch im Bordeaux-Weinbaugebiet oder im Burgund hat erleben können. Heute verbieten regionale Verfügungen das Teeren in der Nähe von Weinbergen von der Zeit der Blüte bis zur Lese. Wissenschaftler hatten herausgefunden, dass in diesem Zeitraum das Teeraroma über die Blüte oder die Trauben in den Wein gelangen kann. Heute sind die Risiken auch insofern geringer, als dass die Technik des Teerspritzens auf Grobsplitt durch die Asphaltstraßendecke ersetzt worden ist, die im Übrigen keinerlei Auswirkungen auf den Geschmack des Weines hat. Die Folge: Einigen Weinen fehlt nun der eigenwillige typische Duft. Sollten Sie dennoch Teer in einem Barolo identifizieren können, denken Sie daran: Im Barolo ist dieser Geschmack zum Kult stilisiert.

51

IST WEIN GESUND?

SCHON GOETHE BADETE ALS SÄUGLING IM WEIN

Als Goethe am 28. August 1749 um Punkt zwölf das Licht der Welt erblickte, glaubte niemand, dass er den nächsten Tag erleben würde. Er gab keinerlei Lebenszeichen von sich. Die resolute Amme – es muss sich wahrscheinlich um eine Dame aus dem Rheingau gehandelt haben – griff sich den Säugling im großen Durcheinander und badete ihn in Wein. So schrieb der Geheimrat später: „So ward ich denn geboren, oder vielmehr aus der Mutter herausgezogen, fast wie tot, mit schwarzem, krausem Haar. In einem Bad heißen Weins, das einem anderen hätte gefährlich werden können, kam ich zu Kräften."

Rheingauer Ammen schienen eine „Spezies" für sich gewesen zu sein. So gaben sie den Neugeborenen als Erstes einen Schluck guten alten Rheingauer Weines, um dem neuen Erdenbürger, wie es hieß, gleich den Stempel der Heimat aufzudrücken. Dass Säuglinge Wein bekamen, war an sich nichts Neues, denn schon die alten Griechen haben ihnen ein wenig Rebensaft gegeben, um sie ruhig zu stellen.

Schon damals füllten viele Bücher über die medizinische Wirkung des Weines ganze Bibliotheken, war Wein doch bis zu den Zeiten von Louis Pasteur das Allheilmittel schlechthin. Wein zwischen Aberglaube und Medizin: Im mittelalterlichen Berlin galt Wein, in dem man erhitzte Gulden abkühlte, als beste Prävention gegen die Pest. Manche Ärzte glaubten an die heilende Wirkung des Rausches. So behauptete Arnoldus de Villanova, Leibarzt von Herrschaften und Päpsten, dass der Mensch sich einmal pro Monat berauschen müsse, denn der darauf folgende tiefe Schlaf und die starken Schweißausbrüche seien gut für den Körper.

Und nach Jahren, in denen jeglicher Alkohol verteufelt wurde, tauchten die ersten wissenschaftlichen Forschungen auf, die bewiesen: Wein ist gesund (doch zu Nebenwirkungen fragen Sie am besten noch einmal Ihren Arzt oder Apotheker). Am Anfang stand das French Phenomena, auch French Paradox genannt. Beobachtungen, dass Menschen in Rotweingegenden wie dem Südwesten von Frankreich trotz fettreicher Küche weniger Herzinfarkte erleiden als andere, waren Ausgangpunkt der Wissenschaftler. Und man entdeckte den Stoff aus dem die Träume sind: Resveratrol. Ihm wird eine Cholesterin senkende Wirkung zugute gehalten.

Heute kann man wohl guten Gewissens sagen, dass bei moderatem Weingenuss (ein Glas für Frauen, zwei Gläser für Männer pro Tag) das gute „HDL" Cholesterin im Körper ansteigt, das Plaquebildung an der Gefäßwand verlangsamt. Auch hat Wein – ähnlich wie Aspirin – Einfluss auf die Blutgerinnung. Es entstehen weniger Gerinsel, die Herzkranzgefäße verschließen können. Wein enthält auch antioxidativ wirkende Substanzen wie beispielsweise Polyphenole, die krank machende freie Radikale hemmen und so Herz und Gefäße schützen können.

Langzeitstudien haben auch gezeigt, dass regelmäßiger, maßvoller Weingenuss Schlaganfall vorbeugen kann. Und während bei überhöhtem Alkoholkonsum das Krebsrisiko steigt, zeigen Langzeitstudien, dass Weintrinker mit moderatem Verbrauch eher seltener an Krebs erkranken.

Wein mit Kohlensäure, wie Sekt oder Champagner, Cava oder Prosecco, hat zudem noch eine weitere Funktion. Der Kohlensäuregehalt in diesen Weinen beschleunigt die Alkoholaufnahme ins Blut. So regt ein Glas schäumenden Weines den Kreislauf an. Ein Heilmittel, das – in Maßen natürlich – seit Professor Sauerbruch ein anerkanntes Hausmittel ist.

Und wenn man von älteren Herrschaften hört, dass Wein „die Milch der Alten" sei, ist das gar nicht so weit gegriffen. Weintrinker leiden seltener an Erkrankungen der Herz-Kreislaufsysteme, außerdem kann ein guter Tropfen vor Osteoporose und Alzheimer schützen.

Wichtig ist jedoch – wie gesagt – die Menge: Nicht mehr als ein bis zwei Gläser am Tag. Denn schon Paracelsus wusste: Die Dosis macht das Gift.

52

RETROOLFAKTION

ODER WIE MAN MIT DEM MUND RIECHEN KANN

Sie glauben, nein, Sie sind sich sicher: Dieser Wein schmeckt am Gaumen eindeutig nach Aprikosen und reifen Pfirsichen. Sie irren sich nicht. Oder doch?

Der Mund hat (leider) nur eine eingeschränkte Funktion. Im Mundraum selbst sind nur haptische (den Tastsinn betreffende) Eindrücke wahrzunehmen. „Umami", die Umschreibung für Wohlgeschmack, der in Japan schon vor langer Zeit entdeckt wurde, aber noch nicht lokalisiert werden konnte, wird ebenfalls im Mundraum erlebt. Die Zunge nimmt an ihrer Spitze Süßes, an den Rändern Salziges und mehr im hinteren Bereich Saures wahr, Bitterstoffe reagieren am Zungenhintergrund. Das bedeutet, dass die oben beschriebenen Aromen nach Aprikosen und reifen Pfirsichen im Mund definitiv nicht geschmeckt werden können.

Mit einer kleinen Übung können Sie sich davon selbst überzeugen. Brillenträger legen bitte ihre Augengläser vorsichtshalber zur Seite. Amüsieren Sie sich und bleiben Sie gegenüber dem kleinen Gesellschaftsspiel durchaus skeptisch. Ungeachtet der leicht spöttischen Blicke Ihres Nachbarn nehmen Sie das Weinglas in die eine Hand, mit der anderen halten Sie sich einfach die Nase zu.

Noch nicht den Wein probieren, bitte erst dreimal „trocken" schlucken. Und obwohl sich der Druck auf Ihre Ohren verstärkt, kann ich Ihnen versichern, dass Sie sich nicht im Landeanflug auf den Frankfurter Flughafen (oder wo auch immer) befinden. Und wenn Sie jetzt den Wein, der so deutlich nach Aprikosen und Pfirsichen schmeckt, mit zugehaltener Nase kosten, empfinden Sie ihn als etwas süßlich und leicht säuerlich. Wo sind die Fruchtaromen geblieben? Erst, wenn die Nase wieder frei ist, die Luft zirkuliert – dann sind auch die Aromen wieder da.

Denn: Mit dem Mund können wir wirklich nur schmecken. Alles, was wir an Aromen am Gaumen zu erleben glauben, sind Aromen, die zwar im Mundraum freigesetzt werden, aber durch einen Nasengang (er bildet zusammen mit der Nasenscheidewand eine Rinne, die so genannte Riechfurche, deren Seitenwände das Riechepithel tragen) aufsteigen. An den Riechfeldern werden die Aromen registriert, und das Gehirn gaukelt uns vor, dass wir diese Aromen tatsächlich schmecken.

Auch wenn Sie sich schon einmal an einem kohlensäurehaltigen Getränk (Mineralwasser, Bier oder Sekt) aus welchem Grund auch immer verschluckt haben sollten, werden Sie ein unangenehmes Kribbeln in der Nase bemerkt haben, im so genannten Nasengang.

Wie auch immer: Genießen Sie Ihren wunderbaren Wein mit feinen Duftaromen ...

BIBLIOGRAPHIE

Christopher Fielden, Der Weinbetrug, Müller-Rischlikon, Zürich 1989

Elmar M. Lorey, Die Weinapotheke, Hallwag, Stuttgart/Bern 1997

Anthony Rowley, Les Francais à Table, Hachette, Paris 1997

Jancis Robinson, The Oxford Companion to Wine, Oxford University Press, Oxford/New York 1999

Hugh Johnsons Weingeschichte, Hallwag, Stuttgart/Bern 1990

Philippe Beaussant, Le Roi soleil se lève aussi, Editions Gallimard, Paris 2000

Madame de Maintenon, Memoires, Frankreich, Bibliothèque Nationale de Paris

Publikationen Forum Wein & Gesundheit e. V., Am Forsthaus 2, 55758 Langweiler

Larousse des Alcools, Larousse, Paris 1982

Paczensky, Dünnbier, Kulturgeschichte des Essens und Trinkens, Orbis, München 1999

Jean-Francois Bazain, Le Vin de Bourgogne, Hachette, Paris 1996

Markus Del Monego, Die Welt der Digestifs, Eigenverlag Park Hotel Bremen, 1989

DANK

Mein herzliches Dankeschön gilt natürlich meiner Familie für ihre Unterstützung und ihr fast grenzenloses Verständnis für meine Arbeit, dann auch meinen Freunden, die mich mit Informationen versorgt haben und auch immer dafür Verständnis hatten, dass gemeinsame gemütliche Weinabende eine Zeit lang zu kurz kamen. Und dann gilt mein Dank all jenen Menschen, die mir gerne ihre persönlichen Geschichten erzählt haben und mir damit die Idee für dieses Buch lieferten.

WINE CONSULTING

Wir beraten weltweit Handelsunternehmen, Kellereien und auch Privatkunden rund um das Thema Wein. Dabei legen wir besonderen Wert auf maßgeschneiderte, den individuellen Anforderungen unserer Kunden gerecht werdende Konzepte und Maßnahmen.

SENSORISCHE QUALITÄTSSICHERUNG & BERATUNG

Cave Weinservice GmbH führt für Handelsunternehmen Qualitätssicherung im klassischen Sinn durch.

WEIN KONZEPTE

Wir bieten professionelle Beratung und geballtes Weinwissen aus einer Hand:
Kunden aus der nationalen und internationalen Weinindustrie, Importeure und Exporteure, Groß- und Fachhändler, Gastronomen und namhafte Unternehmen aus dem Lebensmitteleinzelhandel schätzen diesen Service.

KOMMUNIKATIONS- UND PR-BERATUNG

Wir bieten Ihnen individuelle fachkompetente PR- und Öffentlichkeitsberatung an. Dazu gehört die Erstellung von kundenspezifischen Kommunikationsplänen, die Organisation von Pressekonferenzen und PR Events sowie die Produktion und WINE SERVICES

SCHULUNGEN – SEMINARE – REISEN

HOME SERVICE

Wer zu Hause in den eigenen vier Wänden Gäste erwartet und kompetente Weinberatung und perfekten Service wünscht, kann sich mit unseren „Rent-a-cook" und „Rent-a-sommelier" Angeboten die Experten direkt ins Haus holen.

PRODUKTPRÄSENTATIONEN, DÎNER SENSORIQUE

u.v.m.